Rockstar de Ventas

Como pasar de ser un vendedor jodido a una estrella de las ventas.

Joel Gil Martínez Luna

Rockstar de Ventas

Como pasar de ser un vendedor jodido a una estrella de las ventas

Primera edición: octubre 2023

D.R. © 2019, Joel Gilberto Martínez Luna

Edición y maquetado: Gisel Fuentes Hernández
Diseño de portada: Yadira Ayala Ríos
Editorial Renace Ave Fénix
Copyright © 2012 Nombre del autor
Todos los derechos reservados.
ISBN: **9798863802732**

Este no es un libro de entretenimiento; es una guía para apoyar a las personas que realmente están comprometidas con su crecimiento personal y profesional. Está dirigido a aquellos que pertenecen al 1% de las personas que están dispuestas a pagar el precio. Estoy totalmente seguro de que tú eres uno de ellos. ¡Bienvenido!

Agradecimientos

Mi vida cambió radicalmente al sumergirme en el apasionante mundo de las ventas y al encontrar en él a mis dos principales mentores, Alex Vega y Alex Dey. Queridos maestros, les agradezco de corazón por su valiosa guía y constante inspiración.

CONTENIDO

DEDICATORIA

Este libro lo dedico a mi madre, mis hijos y a mi mujer,
quienes siempre han creído en mí a pesar de las circunstancias
y los desafíos de la vida.

1
HA NACIDO UN VENDEDOR

La vida siempre te regala momentos en los cuales tu existencia puede dar un giro favorable, uno de esos momentos fue cuando ingresé al mundo de las ventas.

"Si, joven, me interesa", mis oídos no podían creer lo que estaban escuchando. El prospecto me confirmaba que realmente deseaba adquirir el producto que le estaba ofreciendo. Dentro de mí, surgió una sensación de euforia, casi como si una luz divina descendiera desde el tercer cielo. El favor del creador parecía estar conmigo ese día. Rápidamente, saqué la hoja de pedido de mi maletín. Mis manos temblaban de emoción. Por fin, logré encontrar la hoja de pedido. No me atrevía a mirarlo a los ojos, temía que se arrepintiera debido a mi nerviosismo. Mis movimientos eran lentos, un poco torpes, a pesar de mis esfuerzos por mostrarme sereno (no creo haberlo logrado). Trataba de proyectarme como un veterano, alguien con vasta experiencia, pero sospecho que notó que era un novato. Comencé a llenar el formato de pedido, mi mano temblaba como si tuviera Parkinson, y el pedido se asemejaba a una receta médica debido a lo ilegible de la letra. Al terminar, se lo entregué inmediatamente a mi nuevo y único cliente. Él lo firmó, y mis ojos brillaban de alegría mientras le daba su copia del pedido. Discretamente, me sequé la mano derecha, que estaba sudada debido al nerviosismo. Extendí la mano para estrechar la suya, un gesto que simbolizaba el cierre del trato. Me despedí de mi nuevo cliente con una amplia sonrisa y me dirigí a la puerta de salida. Intentaba contener mi felicidad y euforia, una vez afuera, no pude evitar soltar un grito de alegría, alzando los brazos hacia el cielo en una victoria merecida. Después de varios meses desde que ingresé al mundo de las ventas, finalmente podía decir que era un vendedor.

¡Vaya! Todavía recuerdo ese día como si fuera ayer. Han pasado muchos años desde entonces. Tenía más de cuatro meses desde que me uní a esa empresa de ventas directas. Durante ese tiempo, asistí a todos los entrenamientos y salía diligentemente todos los días en busca de prospectos. Realizaba presentaciones de mi producto una y otra vez sin descanso. Incluso hubo días en los que mi garganta se me cerraba después de tantas presentaciones. Pero hasta ese momento, todos mis esfuerzos habían sido en vano. Desafortunadamente, no había logrado concretar ninguna venta.

En ese momento, me sentía frustrado, cansado, desanimado y abatido. Estaba a punto de renunciar. Incluso llegué a solicitar empleo como obrero en una fábrica de rines, pero por fortuna no me contrataron.

Todo cambió ese día cuando finalmente cerré esa venta. No podía creerlo. Después de varios meses de enfrentar fracaso tras fracaso, finalmente rompí esa racha negativa. A partir de ese momento, cerrar una venta se convirtió en parte de mi rutina diaria. En tres meses, pasé de ser el peor vendedor a convertirme en el vendedor estrella y, finalmente, en gerente de ventas. Fue un ascenso meteórico.

"Vender no debería ser un proceso místico; vender es simplemente un proceso predecible y repetible".

El Mentor Estrella

Todo fue muy diferente cuando comencé a escuchar y seguir a las personas adecuadas. Esta es una de las claves del éxito: la mentoría. Dejarte guiar y seguir las instrucciones de quienes ya han logrado lo que deseas. Ellos tienen la experiencia y han cometido los errores que no te conviene cometer, errores que te costarán dolores de cabeza, dinero y tiempo. Estos mentores amorosos están dispuestos a transferirte su experiencia, conocimiento y estrategias a través de libros, entrenamientos y mentoría personalizada para que te conviertas en un emprendedor exitoso, en un auténtico Rockstar de las ventas.

Lamentablemente, algunas personas, por ignorancia, negligencia o soberbia, eligen el camino pedregoso y accidentado del ensayo y error. He hablado con muchas personas que, cuando les menciono los beneficios de la mentoría, me dicen que prefieren experimentar por sí mismas. ¡7! Realmente no saben lo que les espera. Sinceramente, deseo que reconsideren. Personalmente, una de las cosas que más ha transformado mi vida es recibir el conocimiento de estos empresarios millonarios y felices. Desde que incorporé la mentoría en mi vida, los resultados se han acelerado de manera exponencial.

"El único atajo hacia el éxito es contar con un guía, un mentor capacitado en tu camino hacia el éxito".

Las Ventas Cambian Vidas

Aprender a vender cambió mi vida de manera extraordinaria. Desde que aprendí a vender de manera profesional, todo ha sido de bendición. Suelo decir en mis cursos: "Si aprendes a vender profesionalmente, jamás te faltará el dinero". De los 100 hombres más ricos en la lista Forbes, 32 no tienen estudios universitarios. Lo que todos tienen en común es que son empresarios, y una de las principales habilidades de un empresario, especialmente en ese nivel, es saber vender, promocionar, negociar y seducir.

Como Robert Kiyosaki menciona, su padre rico le enseñó: "Si quieres ser un empresario, debes saber vender"

Puede que tengamos una empresa perfectamente estructurada con visión, misión, valores, un producto excelente y unas instalaciones maravillosas. Pero si no tenemos un equipo de ventas efectivo, si no hay personas capacitadas para promocionar y vender los productos y servicios, entonces la empresa estará condenada al fracaso en poco tiempo.

El equipo de ventas es el encargado de llevar oxígeno (dinero) a la empresa. Con ese dinero se pagan todos los gastos y salarios. Si no hay nadie que venda, nadie en la empresa tendrá dinero para subsistir. Por tanto, siéntete orgulloso de ser vendedor, eres la fuerza que mantiene a flote a la empresa y al mundo.

He observado empresas con productos maravillosos que, lamentablemente, no cuentan con un buen equipo de ventas. Como resultado, sus productos no se venden tanto como deberían.

"Las ventas dependen de la actitud del vendedor, no de la actitud del prospecto". - William Clement Stone

El Vendedor que no Vende

Desafortunadamente, esta noble industria está plagada de seudo- vendedores que, debido a su falta de profesionalismo y malas prácticas, han manchado la reputación de nuestra profesión. Algunos lo hacen por ignorancia, arrogancia o incluso con mala intención, lamentablemente dañando la imagen de los que somos vendedores profesionales, por eso jamás he escuchado a un niño decir:

"De grande deseo ser un vendedor profesional"

Pero esto no es totalmente culpa de ellos. Recuerdo cuando comencé, me invitaron a una charla introductoria sobre el producto que distribuían. Me pareció maravilloso y fácil de vender, así que me uní a la empresa. Como parte del protocolo, nos indicaron a los nuevos reclutas que debíamos recibir un entrenamiento. Asistí al "poderoso entrenamiento", que duró solo media hora. Allí, nos hablaron de algunas características y estrategias para vender el producto. Parecía sencillo. Nos dijeron las comisiones que recibiríamos por cada venta, y mis ojos brillaron. Pensé que me haría rico en poco tiempo. Iluso.

Al terminar la inducción, me entregaron una carpeta con folletos de ventas y pedidos. Mi amable gerente de ventas señaló la puerta de salida y, con una sonrisa de comercial, me dijo: "¡A vender se ha dicho, mi querido campeón!". Salí titubeante y un poco desconcertado, como un recién nacido. Estaba súper emocionado y me decía: "Seré el mejor vendedor, romperé todos los récords de ventas". Pero, la realidad era diferente.

Entré a un negocio y, con la poca información que tenía, intenté hacer una presentación. Rápidamente, me rechazaron. No me rendí y seguí con el siguiente negocio, pero una y otra vez escuché un rotundo "no". Parecía que los prospectos habían tomado una maestría en objeciones. Nada de lo que decía parecía convencerlos de los beneficios de mi producto.

"Vender es seducir al prospecto, llevarlo a ver la grandeza de tu producto o servicio."

Y así pasaron cuatro meses, haciendo presentaciones todos los días, escuchando un "no" tras otro. No lograba concretar una sola venta. Me sentía desanimado, deprimido, con la autoestima por los suelos. Cada semana, en las reuniones de resultados, escuchaba las hazañas de los mejores vendedores y yo solo bajaba la cabeza avergonzado, debido a mi pésimo desempeño.

Es importante mencionar que salía todos los días, daba presentaciones una tras otra, siempre fui muy consistente. Sin embargo, no tenía los resultados deseados.

Un día, llegó el dueño de la empresa, un exitoso empresario, experto en ventas: Alex Vega. Nos reunió a todos los vendedores, tanto expertos como novatos, en un salón de un hotel durante dos días. Nos compartió todos sus secretos del arte de la venta, que lo habían convertido en un exitoso empresario. Tomé notas de cada concepto y consejo que compartió. Creo que fui quien más preguntas hizo. Descubrí que las ventas no eran cuestión de magia o suerte, sino de decir las cosas de cierta manera, de crear el entorno adecuado y de seguir una metodología probada. Quedé maravillado. Esa noche no pude dormir, repasando cada una de sus enseñanzas.

Para mi sorpresa, aquellos dos días fueron una de las mejores inversiones de tiempo en mi vida. Alex Vega compartió toda su experiencia y estrategias para convertirnos de vendedores ordinarios (en mi caso, el peor vendedor) en verdaderos Rockstar de las ventas.

Inmediatamente puse en práctica todo lo aprendido durante ese fin de semana. Los resultados fueron notorios. Cerrar ventas se convirtió en algo común para mí. Un día, ascendí en la escalera del éxito de las ventas y me nombraron el mejor vendedor de la plaza. Posteriormente, me convertí en gerente de ventas. Todo esto ocurrió en menos de seis meses.

"Entrenarte con los mejores te ayudará a obtener resultados extraordinarios. "

Las Ventas Son Más Sencillas de lo que Crees

Las ventas son más sencillas de lo que crees. Cuando sabes exactamente qué hacer, los resultados son matemáticos: 1 + 1 = 2. Es así de sencillo. Siguiendo un plan de acción con los conocimientos adecuados, serás capaz de predecir cuánto dinero ganarás al final del mes. Es una ecuación, son tan predecibles que puedes pronosticar tus ingresos. Solo tienes que seguir siendo un Rockstar de las Ventas.

"Las ventas son un negocio matemático, lo menos que debería haber es incertidumbre"

Por eso, me sorprende escuchar a personas que se autodenominan vendedores profesionales y, lamentablemente, no venden nada o muy poco en el mejor de los casos. Son simplemente seudo vendedores. Si este es tu caso, te entiendo, porque yo fui uno de ellos. Por eso, estás en el lugar adecuado.

El propósito de esta obra es transferirte todos mis conocimientos, experiencia y estrategias. Pasé de ser el peor vendedor de mi empresa a convertirme en un Rockstar de Ventas. Mi objetivo es ayudarte a que te conviertas en el mejor vendedor de tu organización.

"Naciste para ganar, pero para ser un ganador debes planear ganar, prepararte para ganar y esperar ganar". - Zig Ziglar

¡Enhorabuena! Bienvenido al maravilloso mundo de las ventas profesionales. Aprender a vender de manera profesional cambiará tu vida de una manera que nunca volverá a ser igual.

Repite conmigo: "Yo soy un Rockstar de Ventas".

2
EL ARTE DE VENDER

"Las ventas son una mezcla de arte y ciencia. El arte consiste en influir a otros para conseguir compromisos. La ciencia consiste en influir a las personas correctas ".
– Jeb Blount

Había una vez un pequeño pueblo pesquero en la costa, donde la vida seguía el ritmo tranquilo de las olas del mar. En este pueblo, vivía un pescador experimentado, quien desde siempre había conocido el arte de la pesca. Había aprendido el arte de la pesca de sus ancestros.

Un día, mientras observaba el resplandor del sol en el horizonte y escuchaba el murmullo del océano, se dio cuenta de algo importante. Comprendió que la pesca era una mezcla de arte y ciencia. El arte residía en la paciencia y la habilidad para seducir a los peces con la carnada adecuada. La ciencia, por otro lado, estaba en saber cuándo y dónde lanzar la red, en entender los misterios del mar.

No solo pescaba para ganarse la vida, sino que había aprendido a amar el océano, a comprender sus secretos, amar su profesión y a compartir su pasión con otros. Su enfoque había cambiado; ya no se trataba solo de pescar más peces, sino de crear una conexión profunda con el mar y las criaturas que lo habitaban. En ese momento, elevó su rostro al cielo y agradeció por el mar, los peces y las personas que compraban los peces.

"Las ventas es una combinación de arte, ciencia y pasión"

En todos lados hay niveles

Como dice el conocido refrán, en todos los ámbitos existen niveles, y el mundo de las ventas no es la excepción. A lo largo de mi carrera como vendedor, he observado a profesionales con diversos conocimientos, hábitos y, por supuesto, resultados. Por lo tanto, he categorizado a estos vendedores de la siguiente manera. Revísalos detenidamente para que puedas autoevaluarte y, de esta manera, identificar en qué aspectos necesitas trabajar para convertirte finalmente en un campeón de ventas.

El Novato Desorientado: Este tipo de vendedor acaba de ingresar al mundo de las ventas y se siente abrumado. A menudo, carece de experiencia y entrenamiento adecuado, lo que lo hace luchar por cerrar acuerdos. Sale al campo preguntándose: "¿Qué debo hacer? ¿Con quién debo acudir?" Muchas veces, si no recibe un asesoramiento adecuado, inicia un tortuoso proceso de aprendizaje a base de prueba y error. Finalmente, muchos de ellos desertan, lo cual es una lástima. La solución: contar con un mentor.

El Vendedor Inconstante: Este vendedor experimenta momentos de éxito, pero su desempeño varía significativamente. Puede cerrar tratos de vez en cuando, pero su falta de consistencia le impide alcanzar un alto nivel de ventas de manera sostenida. La solución radica en trabajar en sus prioridades, motivación y enfoque. Requiere rendición de cuentas, disciplina y, lo que es muy importante, encontrar un propósito para sus acciones. En otras palabras, necesita vislumbrar la "olla de oro" al final del arcoíris.

El Seudo Vendedor: Este individuo está principalmente motivado por el dinero; su lema es "money, money, money", y no se preocupa por el servicio al cliente ni por construir relaciones a largo plazo. Tiende a emplear tácticas de venta agresivas y a menudo cambia de empresa en busca de comisiones más altas. Es como un corsario de las ventas, todo un pirata; muchas veces sus actos son deshonestos, lo que puede incluso llevar a problemas legales. Esto se relaciona con cuestiones de valores, ya que somos el resultado de nuestras experiencias de infancia y a menudo repetimos patrones familiares.

Permíteme ser sincero y directo: si te encuentras en este grupo, te sugiero que te inspires en personas con valores y ética profesional. La carrera de ventas puede ser muy, pero muy rentable, y si has ganado dinero, también puedes ganarlo de manera ética. En otras palabras, endereza el rumbo, haz las cosas correctamente, medítalo. Estoy aquí para apoyarte, ya que todos merecemos una oportunidad para enderezar el camino.

El Vendedor Promedio: Este tipo de vendedor se siente cómodo con su nivel actual de ventas y no se esfuerza por mejorar. Cumple con las expectativas mínimas de su trabajo, pero no busca oportunidades para crecer. Es un experto en el producto o servicio que vende, pero a menudo carece de habilidades de comunicación efectiva. Puede abrumar a los clientes con detalles técnicos en lugar de centrarse en sus necesidades. Lleva varios años en la empresa, e incluso los vendedores novatos lo buscan para que los asesore, lo que le hace sentirse bien e importante. Muchos clientes ya lo buscan porque es confiable. Todos coinciden en que podría lograr más, que es capaz, pero le falta ambición. Incluso necesita trabajar en su autoestima y en su autoimagen, elevar su estándar, buscar nuevos retos y metas. Querido vendedor, tú puedes, tú puedes. Cree en ti. Es hora de desplegar tus alas y volar más alto.

El Vendedor Consistente: Este vendedor tiene un historial constante de ventas y logra cumplir sus metas de manera predecible. Aunque no es un campeón de ventas, brinda estabilidad a la empresa y aporta ingresos regulares. Todas las empresas desean más vendedores de este tipo; los valoran enormemente. Es un profesional que comprende la importancia de satisfacer las necesidades del cliente y construir relaciones sólidas. Se preocupa por ofrecer un excelente servicio y busca soluciones a medida para cada cliente. Está preparado y es activo; disfruta de su profesión en ventas. Sin embargo, en su interior, sabe que hay una cima más que conquistar, la de convertirse en un auténtico Rockstar de ventas. Te animo a que te propongas alcanzar el siguiente nivel y conquistes el Everest de las ventas. ¡Adelante!

El Rockstar de las Ventas: Este es un verdadero campeón de ventas. Supera constantemente sus objetivos y lidera al equipo. Combina habilidades excepcionales en ventas con un profundo conocimiento del mercado y una ética de trabajo inquebrantable. Este vendedor no solo es un campeón de ventas, sino que también es una fuente de inspiración para otros. No se centra únicamente en cerrar acuerdos, sino que también busca crear un impacto positivo en la vida de las personas y establecer relaciones duraderas.

Este vendedor utiliza un enfoque estratégico para identificar oportunidades y concretar tratos. Se basa en análisis de mercado, planificación y relaciones sólidas para impulsar sus ventas. Tiene un olfato agudo para detectar oportunidades y lleva un estilo de vida envidiable. Su presencia es destacada en cualquier lugar al que vaya, y sus clientes lo buscan no solo como un vendedor, sino como un asesor. Lo recomiendan con gusto a sus amigos, y más de un compañero lo envidia en secreto porque en el fondo desearía alcanzar sus resultados. Él es el auténtico Rockstar de las ventas.

"Si realmente deseas hacer carrera en este maravilloso mundo, hazlo con todo, aspira a ser un Rockstar de las ventas y avanza como una locomotora imparable, a todo vapor"

La Bifurcación

Una decisión acompañada de acción puede modificar tu vida de tal manera que jamás vuelva a ser igual. Ahora, mi querido amigo, te encuentras ante una bifurcación. Por un lado, encontrarás el camino de lo cotidiano, de continuar haciendo las cosas de la manera habitual, obteniendo los mismos resultados de siempre. Por otro lado, descubrirás otro sendero, el de la maestría, que te llevará a transformarte en un Rockstar de las ventas, en un vendedor estrella. Esto requiere entrega y pasión, darlo todo, pero los frutos valen la alegría, valen el esfuerzo. Ahora es el momento de tomar decisiones.

"Yo sólo puedo mostrarte la puerta, tú eres quien debe atravesarla." - Película Matrix, Morfeo

Estoy seguro de que vas a decidir convertirte en un Rockstar de las ventas. De corazón te digo que deseo apoyarte en este proceso. Recuerdo cómo mi vida cambió radicalmente en el momento en que elegí ser un campeón de las ventas. El cambio se reflejó drásticamente en el cheque de comisiones y, por supuesto, en mi estilo de vida. Te propongo un trato: date la oportunidad de reinventarte, vaciarte y cuestionar todos tus conocimientos y metodologías. Olvídate de la tan conocida y negativa frase, "Eso ya lo sé". Recuerda que no eres un árbol, puedes moverte de donde estás. Con tu voluntad y tus deseos de ser mejor, lo lograrás. Por lo tanto, cree en ti. Yo creo en ti y en tu potencial.

Si te das esta oportunidad, compartiré contigo mis conocimientos, estrategias y herramientas que me han ayudado a ser un Rockstar de las ventas. Gracias a todo eso, he logrado reconocimiento en las organizaciones en las que he colaborado, ingresos superiores al promedio y una vida extraordinaria. Si estás listo, comencemos.

Repite conmigo:

"Yo soy un Rockstar de las ventas. He nacido para triunfar, para brillar y ser un Rockstar de las ventas. Creo en mí y en mi potencial. Me prepararé y tomaré acción masiva para sobresalir e impactar positivamente en la vida de miles de personas. Soy un Rockstar de las ventas."

3

El Ciclo de las Ventas

El Éxito es un hábito, un estilo de vida, una manera de ser y de hacer; el fracaso también. Cómo vives tu vida depende de ti.

Las ventas son predecibles, de hecho, es un ciclo o conjunto de pasos a seguir, igual que bailar cumbia colombiana. Puedes literalmente marcar los pasos en el suelo, 1, 2, 3… y realizar una presentación magistral que deje asombradas a las personas. Como menciono con regularidad, desafortunadamente, los latinos somos propensos a procrastinar, improvisar o esperar un milagro (a veces, somos irresponsables). Permíteme decirte que no se trata de falta de talento; somos inteligentes y talentosos, pero se trata de desenfoque y falta de disciplina. No logramos comprender que, si diéramos el extra en este punto, nuestros resultados serían radicalmente diferentes.

"Vender no debería ser una cuestión de azar o suerte; vender debería ser algo ordinario y cotidiano en la vida de un vendedor."

Por eso, triunfar en ventas es más fácil de lo que crees. Si haces lo que debes hacer, eres constante y te preparas para ser un profesional, superarás fácilmente a todos. Te aseguro que, aunque seas el peor vendedor, en un tiempo razonable, llegarás a formar parte de los mejores vendedores de tu empresa.

Recuerda siempre que la preparación, el enfoque y la pasión superarán al talento fácilmente.

Como todo viaje que desees emprender, se requerirá un mapa, y en este caso, ese mapa es el ABC de las ventas. Tener claridad sobre los pasos te permitirán alcanzar tus objetivos. Lo interesante y relevante de este punto es que, al tener claridad sobre estos elementos, podrás diagnosticar e identificar errores o fallas cuando no obtengas los resultados deseados. El ABC de las ventas incluye:

- Conocimiento profundo de tu producto y de tu industria.
- ¿Qué problema resuelves?
- ¿Quién es tu cliente ideal?
- ¿Cómo llamar su atención?
- Diagnóstico.
- Presentación de la solución.
- Negociación.
- Seguimiento.
- Agregar valor.
- Construcción de lealtad.

Mi objetivo en esta obra es compartir mis conocimientos y experiencias de más de 25 años en esta profesión. Te aseguro que, si aplicas lo aprendido, estos conocimientos serán una luz en tu camino, ayudándote a alcanzar nuevos éxitos en el mundo de las ventas.

Repite conmigo:

Avanzo con seguridad. En una mano llevo la preparación y en la otra, la pasión. Sé que me convertiré en el mejor vendedor de mi organización porque creo en mí y estoy dispuesto a entregarme apasionadamente a la profesión de las ventas.

El Método Rockstar de Ventas

Adicional al A B C de las ventas, me complace compartir el método que he creado para que te conviertas en una estrella de las ventas. Deseo que entiendas que "triunfar es más fácil de lo que crees". Para que una persona alcance sus objetivos, en este caso, convertirse en una luminaria, se requieren los siguientes elementos:

1. Tener claridad sobre quién eres, tu potencial y tu capacidad para crear una vida maravillosa. Creer en ti mismo (identidad de poder), construir una identidad de Rockstar de las ventas.

2. Clarificar tus objetivos. Esto tiene que ver con que es lo que deseas, no solo respecto a las ventas, sino de tu vida, que deseas lograr alcanzar, vivir experimentar, recordando siempre que ser un Rockstar de ventas te proporcionara una vida fuera de serie. Sueña en grande, aspira a las alturas, cree en ti.

3. Identificar quién puede ayudarte. Este es uno de mis puntos favoritos, si las personas entendieran y descubrirán el poder de la mentoría, las vidas de la

mayoría de las personas, sería totalmente diferente, lograrían mucho más y tendrían menos tropiezos, está bien buscar ayuda, pedir consejos, tener un mentor y pagar el precio.

4. El método o A B C. esto lo describiré ampliamente a lo largo del libro, te compartiré mi A B C, de ante mano te comento que algunos de los puntos a tratar, tal vez ya los hayas escuchado, inclusive sean parte de tu día a día, eso es bueno, porque significa que vas por buen camino, para algunos de ustedes tal vez la obra sea un check list, corroborar que vayas por el buen camino.

Ahora te apoyaré proporcionándote orientación para que puedas aclarar el camino y el proceso de implementación de los conocimientos

adquiridos, de manera que puedas comenzar a disfrutar los resultados de ser una estrella de las ventas.

Instrucciones del Programa

Más que un libro, esta es una guía de mentoría en la que te compartiré estrategias específicas para que las apliques una a una, día a día. Así que, no te adelantes, disfruta del proceso y no te desesperes. Un paso a la vez.

Cada día del programa incluye una lección, instrucciones sobre acciones a implementar, espacio para tus reflexiones y comentarios.

Es importante que inicies con expectativas y dejes a un lado lo que ya sabes, porque lo más importante no es saberlo, sino ¿ya lo implementas? ¿ya has obtenido los resultados deseados? Uno de mis objetivos con esta guía es recordarte lo que quizás ya sabes, pero has dejado de aplicar en tu día a día.

Por último, quiero que visualices un objetivo que deseas lograr al finalizar este programa. Puede ser una cierta cantidad de ventas, ingresos o algo que deseas para ti. ¿Qué lograrías si te convirtieras en una estrella de las ventas, aplicando todo lo aprendido? Anótalo:

Mi objetivo al terminar este libro es:

_____

_____

_____

_____

_____

Como digo en otro de mis libros, querido Rockstar en ventas: "¿Qué tal si sí?" Atrévete a aspirar, desear y anhelar una vida mejor para ti y tus seres queridos. Todo esto es posible gracias a que estás pasando al siguiente nivel de profesionalismo y entrega. Por lo tanto, cree en ti y esfuérzate al máximo.

Repite con entusiasmo:

"Estoy listo para convertirme en el próximo Rockstar de las ventas."

Te aseguro que esta será una de las decisiones más importantes de tu vida: determinar ser un Rock estar de las ventas. Imagina: que entras a tu oficina para una reunión y todos te saludan al pasar. Te miran con respeto, tu vestimenta es impecable, es difícil no notarte. Caminas con seguridad y con una sonrisa de comercial. Llegas a la sala de juntas, tu gerente de ventas se acerca rápidamente a saludarte. La reunión comienza, hablan sobre los resultados globales del grupo y de los vendedores. Mencionan tus sorprendentes resultados. Algunos vendedores te miran y sonríen, celebrando tus éxitos. Tu gerente finaliza diciendo: "Eres un ejemplo a seguir, eres una estrella de las ventas". Todos aplauden y celebran tus logros.

¡Festeja, porque esta puede ser tu realidad, tu día a día! Créelo. Ahora, lo que te toca es aplicarte, estudiar e implementar todo lo que aprendas. Así que manos a la obra.

Decreta conmigo:

El poder para construir, crear y vivir una vida maravillosa fue depositado en mi ser por Dios. Ahora, activo ese poder y lo pongo en acción.

Día 1: Mentalidad de Rockstar

Tu actitud depende al 100% de ti, no del mercado, no del prospecto o de tu jefe, esto marcará la diferencia. Este tema es la piedra angular de este programa; lograr adoptar la mentalidad de un Rockstar de ventas, de un campeón, es lo que te permitirá avanzar a toda velocidad, como una locomotora imparable. Recuerdo cuando empecé en este maravilloso mundo de las ventas y el emprendimiento; mi autoestima estaba por los suelos, obviamente, mis resultados no eran los deseados, a pesar de mi preparación y acción constante.

"Cuando escuchas que 'la actitud lo es todo', la realidad es que hay mucho de cierto en eso."

Por lo tanto, es fundamental que construyas una imagen clara y nítida de una estrella de las ventas. Esto te proporcionará confianza, seguridad y una fe inquebrantable.

Repite conmigo, con energía y entusiasmo:

"Si otros han podido batir récords de ventas, yo también lo lograré. Prepárate, mundo, porque pronto tendrás noticias mías, porque soy un Rockstar de las ventas."

Todo éxito se basa en un 80% de psicología del éxito y el resto en acciones concretas en la dirección correcta. El tema de la mentalidad ganadora es tan importante que podemos observar a personas muy capaces que, sin la mentalidad adecuada, no logran los resultados deseados debido a su juego interno de pensamientos.

¿Eres tu propio fan o tu peor detractor? Por otro lado, habrá personas que, a primera vista, no tienen todos los elementos necesarios para triunfar (lo he visto una y otra vez), pero cuentan con una firme mentalidad de campeón y una fe inquebrantable, lo que les permite lograr grandes cosas y, a menudo, verdaderos milagros. ¡Emociónate, porque tú serás el siguiente! Recuérdalo siempre:

"No importa lo que haya sucedido en tu vida; siempre hay una nueva oportunidad para reiniciar y dar lo mejor de ti."

Sin duda, tener la mentalidad adecuada es un factor crucial para el éxito. Si aspiras a convertirte en un Rockstar de las ventas, debes sentirte seguro de tus habilidades y tener la certeza de que cualquier meta que te propongas será alcanzada. Todo esto está relacionado con tu autoimagen, esa percepción que tienes de ti mismo, moldeada por tus experiencias de vida, los comentarios de personas influyentes en tu entorno (aunque a veces no sean los más acertados), y lo que te dices a ti mismo en tu diálogo interno. La autoimagen influye significativamente en tus resultados; si no tienes una autoimagen saludable, tus inseguridades la debilitarán y repercutirán en tus logros debido a la percepción negativa que tienes de ti mismo.

"No logras porque no lo intentas por lo menos y no intentas porque no crees lograrlo, funciona también a la inversa"

Trabajar en fortalecer tu autoimagen es de suma importancia. Afortunadamente, es más sencillo de lo que parece. A continuación, comparto algunas estrategias que te recomiendo llevar a cabo diariamente hasta que tu autoimagen sea tan sólida como un rinoceronte, de manera que nada ni nadie pueda tambalearla.

1. **Si alguien ya ha logrado** lo que deseas, ten la seguridad de que tú también puedes conseguirlo. Solo necesitas la actitud adecuada, aprender las estrategias

correctas (¡y yo te las enseñaré!) y, lo más importante, actuar con fe y entusiasmo todos los días hasta que alcances tus metas.

2. **Recuerda tus éxitos pasados.** Todos hemos tenido triunfos en algún momento de nuestras vidas. Deja atrás la etiqueta de "fracasado" y la mentalidad victimista. Haz una lista de todos tus logros y colócala en un lugar visible. Obsérvala y léela todos los días, diciéndote a ti mismo: "Soy un campeón o campeona; si lo logré antes, puedo hacerlo de nuevo". Cree en ti mismo.

3. **Reconoce cualquier avance, incluso si es pequeño**. Cada paso que des te acerca más a tu objetivo. Si tu tarea hoy era hacer 10 llamadas y las completaste, ¡felicidades! Estás en el camino correcto.

4. **Celebra tus logros**. Cada vez que alcances una meta, celebra. Pon tu música favorita, regálate un helado, una comida especial o cualquier cosa que te haga sentir bien. Conviértete en un apasionado del éxito y reconoce tus logros premiándote a ti mismo.

5. **No seas tan duro contigo mismo.** En ocasiones, no obtendrás los resultados deseados. Algunos lo llaman fracaso, pero es una palabra que debemos desterrar. En realidad, es solo un resultado no deseado. A veces, es necesario aprender o mejorar algo. Toma estos resultados como experiencia para convertirte en una versión mejor de ti mismo cada día. No te rindas y no te critiques en exceso.

6. **Reprograma tu mente** con palabras y frases positivas. Este punto es fundamental. A pesar de que

muchos conocen la importancia de la reprogramación mental, pocos la practican. Las palabras tienen el poder de crear la realidad. Repítete a ti mismo frases que te empoderen y te ayuden a cambiar tu percepción.

7. **Busca información y mentores** que te impulsen en tu crecimiento y en tu camino hacia el éxito. La verdadera humildad está en reconocer que todos tenemos límites o áreas en las que podemos crecer y que hay personas más experimentadas que nosotros. Estas personas suelen ser las que obtienen los mejores resultados. Te sugiero que te integres en un programa de desarrollo personal. En nuestra empresa, contamos con programas de acompañamiento que emplean técnicas de programación neurolingüística y psicología. Estaré encantado de apoyarte en tu crecimiento y de ser cómplice de tu éxito.

Ahora, pon en práctica estas recomendaciones. Convertirse en una estrella de las ventas es, en última instancia, cuestión de actitud.

Repite conmigo:

"Tengo una mentalidad inquebrantable, una mentalidad de diamante que se ha forjado día a día. Sé que puedo triunfar, que puedo lograrlo y lo lograré"

Mis acciones a implementar el día de hoy:

_____

_____

_____

_____

_____

_____

Día 2: Mi objetivo son las estrellas

"La confianza en sí mismo es el primer secreto del éxito" - Ralph Waldo Emerson

Atrévete a soñar en grande, a aspirar a la grandeza, a tocar las estrellas. En el mundo de las ventas, como en cualquier otra área de la vida, existen diferentes tipos de personas y mentalidades. Algunos se conforman con lo básico, con llevar el sustento a sus hogares y pasar su vida de manera rutinaria. Pueden pensar que ser ambicioso es negativo, que la ambición lleva a la perdición, y podrían tener una larga lista de creencias limitantes al respecto.

Estas personas suelen llevar vidas mediocres. Les llamamos "vendedores profesionales" porque se destacan en vender, pero sus pertenecías para poder lograr terminar el mes. Venden para subsistir y, lamentablemente, sus logros se limitan a completar sus gastos cotidianos. Estoy seguro de que no quieres ser parte de este grupo.

Debes aspirar a la grandeza, a objetivos que te desafíen y te motiven a esforzarte más. No tengas miedo de soñar en grande y, lo que es más importante, trabaja incansablemente para convertir esos sueños en realidad. Quiero que te conviertas en una leyenda, un verdadero Rockstar de las ventas.

Sé que pueden surgir dudas y excusas en tu mente. Puedes pensar que eres joven o que ya estás en una etapa avanzada de tu vida, que te falta preparación o contactos. Pero si tu deseo es genuino en convertirte en un Rockstar de ventas, debes dejar de lado las excusas.

Recuerda, los Rockstar de las ventas no conocen el lujo de las excusas y los pretextos. No te preocupes por cómo lograrlo en este momento, ya que te proporcionaré estrategias específicas para alcanzar tus objetivos. Lo más importante ahora es definir esos objetivos.

Si todo fuera posible (y créeme, lo es), ¿cuáles serían tus sueños y aspiraciones? Te desafío a que los escribas aquí sin miedo, con pasión y fe.

En un entrenamiento similar, me retaron a establecer un objetivo transformador para los siguientes tres meses. En mi mente, surgieron dudas y temores. Yo era consciente de que mis resultados hasta ese momento me ubicaban como uno de los peores vendedores. Sin embargo, decidí atreverme. Mi objetivo fue claro: "Para mayo, seré el mejor vendedor de esta empresa".

"Las sueños, metas y objetivos, son el combustible que te impulsaran en el día a día a tomar acción masiva y dirigida"

Esta pequeña pero valiente decisión desencadenó una revolución en mi vida. Con determinación y pasión, he logrado muchos éxitos en el mundo de las ventas y el emprendimiento. Así que, si aún no has definido tu objetivo transformador, ¡hazlo ya!

Piensa en lo siguiente:

- ¿Y si realmente puedes alcanzar tus sueños y aspiraciones?

- ¿Y si el viento sopla a tu favor?

- ¿Y si te conviertes en un verdadero Rockstar de ventas?

¡Atrévete, querida estrella de las ventas!

Recuerda siempre que la vida es un suspiro breve y hermoso. Por tanto, atrévete a vivirla intensamente y aspira a tocar las estrellas.

Recuerda que el puente entre la vida que tienes y la que deseas está formado por acciones con la dirección correcta. ¡Adelante, aspira a tocar las estrellas!

Acciones a implementar el día de hoy:

_____

_____

_____

_____

_____

_____

_____

Rockstar de Ventas

Día 3: Altos Niveles de Energía Física y Emocional para Triunfar

"Jamás alcanzarás la cima si no tienes altos niveles de energía emocional y física."

Para triunfar en la vida y en todos tus emprendimientos, necesitarás una gran cantidad de energía, tanto física como emocional. Esto te ayudará a abandonar la zona de confort, que, dicho sea de paso, no tiene nada de cómoda y, en realidad, está llena de conformismo. Debes superar la sensación de estancamiento para finalmente conquistar la cima.

Cuando estamos estancados, estamos aletargados y muchas veces desorientados. Imagina un auto deportivo, que está en perfectas condiciones, un Porsche Carrera 911, pero hay un detalle: su batería está descargada. Obviamente, no lo podremos prender y mucho menos correrlo a su máxima velocidad. De la misma manera, muchos Rockstar están desinflados energéticamente, estancados en sus carreras y sus vidas. Por eso, este tema es fundamental para triunfar.

Los altos niveles de energía provienen de varias fuentes que nos conviene tener en equilibrio. Esto tiene que ver con tu psicología y biología. Es un tema muy amplio que abordo más detenidamente en mi libro "¿Qué tal y sí?". Te voy a compartir algunos puntos a considerar, pero te recomiendo que profundices en este tema, ya que es fundamental para el éxito. El común denominador de todos los Rockstar de ventas es que son personas energéticas, apasionadas, que desbordan energía de tal manera que contagian a las personas y las motivan a moverse a través de la inspiración que irradian. Algunos puntos a considerar para elevar tu nivel de energía son:

1.   **Ordena tu vida**: Si hay un consejo que doy regularmente, es el de "ordenar tu vida". Esto implica identificar qué aspectos de tu vida te están robando energía de forma constante. Pueden ser circunstancias del pasado, relaciones disfuncionales, deudas, problemas de salud, entre otros. Debes identificar cuál es el área que requiere atención y tomar medidas al respecto. Esto podría implicar buscar ayuda profesional, como un psicólogo, un médico o un coach de vida o deportivo, según la naturaleza de los cambios y mejoras que necesitas. Por lo tanto, tu tarea es preguntarte: ¿En qué área de mi vida tengo una situación que necesita ser ordenada? Luego, pon manos a la obra.

2.   **Alimentación saludable:** Tu dieta desempeña un papel fundamental en tus niveles de energía. Consume alimentos ricos en nutrientes, como frutas, verduras, proteínas magras y granos enteros. Evita el exceso de azúcares y alimentos procesados, ya que pueden provocar picos de energía seguidos de caídas bruscas. Si hay un tema que es fundamental para que logres tener esos altos niveles de energía, es la dieta. Finalmente, la función de los alimentos es reparar tu cuerpo y crear energía para ser utilizada en tu día a día. Por lo tanto, es fundamental que aprendas a elegir las mejores opciones. Incluso, como este punto es muy importante, te sugiero que busques asesoría.

3.   **Ejercicio:** El ejercicio físico es clave para aumentar la energía. Estimula la liberación de endorfinas, hormonas que mejoran el ánimo y la energía. Intenta incorporar al menos 30 minutos de actividad física en tu rutina diaria. Está comprobado científicamente que el ejercicio es también uno

de los factores principales de salud, longevidad y altos niveles de energía. En mi caso, al entender la importancia del deporte, lo incorporé a mis actividades diarias. De hecho, antes tenía sobrepeso, y ahora estoy delgado, atlético y con mucha energía. Amo practicar deportes.

4. Descanso adecuado: El sueño de calidad es esencial para mantener altos niveles de energía emocional y física. Establece una rutina de sueño regular y asegúrate de dormir de 7 a 9 horas por noche. Si hay algo que no es sustituible, es el descanso. Muchas veces, lo único que necesitas es descansar adecuadamente para recargar la batería. Por lo tanto, evalúa qué tan bien estás descansando. Hay muchos consejos al respecto; también te sugiero que investigues al respecto.

5. Gestión del estrés: El estrés prolongado puede agotar tus niveles de energía emocional. Practica técnicas de relajación como la meditación, el yoga o la respiración profunda para reducir el estrés y mantener un equilibrio emocional. Este punto también está conectado con el tema de la inteligencia emocional y la resiliencia. La gestión de las emociones y la rapidez con la que te recuperas de las circunstancias desafiantes de la vida son temas importantes. Siempre habrá situaciones difíciles, especialmente en el mundo de las ventas. Estarás expuesto continuamente a la frustración. Esto es un tema de conocimiento, filosofía de vida y entrenamiento diario, similar a ir al gimnasio. Todo esto es necesario para estar en buena condición emocional y enfrentar los retos de la vida. Puedes lograrlo a través de capacitaciones, audios, videos, libros y personas que sumen y aporten a tu vida, ayudándote a ser mejor.

6. Establece metas y sueños: Tener objetivos claros y aspiraciones en la vida puede proporcionarte una fuente constante de energía emocional. Cuando trabajas hacia algo que te apasiona y emociona, encuentras la motivación para superar obstáculos y mantener altos niveles de energía. Aunque ya lo había mencionado en el capítulo anterior, he descubierto que si hay un elemento que realmente aporta un poderoso extra de energía, son los sueños, los anhelos, la posibilidad de poder alcanzar o lograr algo. Los Rockstar suelen ser personas soñadoras e inquietas, que desean más de la vida y tienen sueños y metas por cumplir. Por lo tanto, sueña en grande y atrévete a dar los pasos necesarios para realizar tus sueños.

Estos son algunos consejos que te sugiero aplicar. Todos ellos los practico y he observado cómo me han ayudado a alcanzar mis objetivos. Ahora te sugiero que evalúes tus niveles de energía y te pongas manos a la obra incluyéndolos en tu vida diaria.

Repite conmigo:

"Soy una máquina imparable, avanzo como una locomotora a todo vapor"

Las acciones que planeo implementar hoy son:

_____

_____

_____

_____

_____

_____

Día 4: El Poder de una Mentalidad Pro-Éxito

Lo que expresamos verbalmente es el resultado de nuestros pensamientos, y estos a su vez derivan de nuestras creencias. Nuestro mundo exterior es un reflejo perfecto de nuestro mundo interior. Las palabras tienen un gran poder; todo lo que escuchamos, nos dicen y nos decimos a nosotros mismos impacta positiva o negativamente en nuestra psique, nuestras acciones y, finalmente, en nuestros resultados. Por tanto, es esencial que implementemos un estricto control sobre lo que escuchamos y verbalizamos si deseamos alcanzar el éxito que tanto anhelamos y convertirnos en inquebrantables "Rockstar" de las ventas.

Recuerda que lo que escuchas de manera recurrente te programa. Tus programas se convierten en tus creencias, y estas, a su vez, te impulsan a actuar de forma automática. El resultado final será una consecuencia directa de estos procesos.

Todo esto me lleva a reflexionar sobre el hecho de que el éxito es más sencillo de lo que la mayoría de las personas cree. Cuando conscientemente llenamos nuestra psique con información que nos beneficia, nos enriquece y nos nutre, esta información se convierte en nuestras creencias, y actuamos de forma automática. Sí, de forma automática. Esto es como la magia pura y representa un gran secreto revelado. El éxito debe ser un estilo de vida fluido y sencillo; alcanzar nuestros objetivos debería ser algo natural y sin obstáculos.

¿Por qué, entonces, tantas veces el camino hacia el éxito parece difícil y lleno de obstáculos? Esto se debe a que la mayoría de las personas luchan (sin saberlo) contra sus creencias limitantes, lo que genera resistencia y un gran desgaste de energía emocional y física. La clave reside en sembrar nuevas creencias empoderadoras y adecuadas para tu éxito.

Te propongo hacer una auditoría personal en cuanto a todo lo que escuchas y ves. A continuación, responde a estas preguntas:

- ¿Qué tipo de música escuchas con regularidad y qué contenido tiene?

- ¿Tus tres principales amigos o las personas con las que pasas más tiempo son principalmente positivos y enriquecen tu vida, o es lo contrario?

- ¿Lees libros motivacionales de manera regular, aquellos que te ayudan a mejorar en alguna área de tu vida?

- ¿Asistes a entrenamientos, talleres o charlas motivacionales que te ayudan a mejorar tanto en el ámbito laboral como personal?

- ¿Has considerado la posibilidad de acudir o ya has asistido a terapia para ordenar tu mundo interior?

- ¿Cuentas con algún tipo de consejero o mentor al que acudes con regularidad?

Sin importar tus respuestas, lo fundamental es lo que decidirás hacer a partir de hoy. ¿Qué tipo de música elegirás escuchar? En mi caso, prefiero aquella que tiene un contenido positivo o que estimula mi energía. Además, me rodeo de personas que tienen una actitud extraordinaria, que son mejores que yo y que me retan e inspiran. Leo todos los días, escucho audiolibros que me instruyen y disfruto de las películas biográficas e inspiradoras.

Mi querido "Rockstar", al final del día, tener una vida extraordinaria implica esculpirte a ti mismo día tras día, eliminando las imperfecciones y los defectos de carácter. Siguiendo este proceso, tu vida se convertirá en una obra de arte, tal como mi mentor siempre dice.

Ahora, dedica tiempo a crear un programa pro-éxito. Incluye libros, entrenamientos, actividades y personas que te sumen, enriquezcan tu vida y te ayuden a ser mejor. Repite este mantra de poder todos los días:

"Yo soy un Rockstar de las ventas. Tengo un producto maravilloso y estoy preparado para asesorar profesionalmente a mis clientes. Ellos están muy felices de que yo sea su vendedor. Soy el mejor vendedor de mi empresa."

Nota: Un libro que te ayudaría a trabajar en tu mentalidad de manera extraordinaria es mi obra "¿Qué tal si sí?". Te animo a buscarlo, y te garantizo resultados si aplicas los conocimientos y estrategias que contiene.

Acciones a implementar hoy:

_____

_____

_____

_____

_____

_____

_____

Día 5: Vistiéndote para el éxito

Entro al lobby del edificio corporativo; tengo algo de prisa ya que tengo una cita con mi contadora. Me detengo para pasar por el control de ingreso del edificio, y ahí se encuentra Alfredo. Él me sonríe y me saluda amablemente. A pesar de ser solo un supervisor de guardias, porta un traje magistralmente con un precio promedio, perfectamente combinado con una camisa y una corbata rosa que le otorgan un aire de distinción. De estatura promedio y acercándose a los 50 años, si no lo conociera, lo confundiría con algún directivo de una de las tantas empresas establecidas en el edificio. Observo que es muy atento con todos, y es difícil no distinguirlo del resto.

Fantástico. A pesar de ser solo un empleado, Alfredo se destaca debido a su manera de tratar a las personas y su buen gusto para vestir. Incluso me ha tocado ver directivos que tienen una imagen más sencilla que la suya, aun así, parece el líder de ellos. Todo esto hace que la gente lo prefiera y le brinde un trato especial.

Como te vean, así te tratarán. ¡Claro que sí! Por lo tanto, vístete como un lord inglés, de manera impecable. Definitivamente, para el éxito de un Rockstar, no es suficiente causar una buena impresión; también es importante destacar entre la multitud de vendedores gracias a una combinación de actitud, preparación, trato y una imagen personal extraordinaria. Esto te ayudará a cerrar más negocios y a recibir un trato preferencial y VIP.

Imagina:

Entras a la recepción de la oficina donde tienes la cita. De ti emana un olor agradable. Caminas con seguridad y regalas una sincera sonrisa a cada persona con la que te cruzas. Tu vestimenta está perfectamente combinada y adecuada para la ocasión. Es difícil que no llames la atención. Te recibe una ejecutiva, la saludas, le sonríes y le estrechas la mano con un firme apretón. Ella te dirige a una elegante sala de juntas, y todos se levantan para saludarte porque ha llegado el Rockstar de las ventas...

Imagina que todas las personas te reciben como una celebridad, se sienten complacidas de tratar contigo. Incluso, llegan a buscarte a ti. Eso es posible, y con este programa, lo vas a lograr. Ahora, te voy a compartir recomendaciones poderosas para ayudarte a crear tu imagen y estar listo para entrar en escena.

Tu actitud, tu manera de actuar en el escenario:

La actitud es de suma importancia, ya que es la forma en que reaccionas ante los estímulos externos. Se convierte en el perfume de tu alma. He observado que toda persona con una actitud positiva y proactiva tiene las puertas abiertas en cualquier lugar que vaya. Por otro lado, aquellos con una pésima actitud, que son negativos y quejumbrosos, incluso si son muy profesionales y preparados, a menudo no son bienvenidos en las interacciones.

Por lo tanto, es importante que mantengas una actitud positiva y proactiva, que dejes tus problemas a un lado y que te conviertas en alguien que aporta valor en cada lugar que visitas. Piensa en esto: tu actitud es la manera en que actúas en el escenario de la vida, de forma proactiva y positiva. Tú puedes elegir qué papel interpretar, y que te conviene interpretar el de un Rockstar de las ventas.

Nota importante: Si sientes que hay áreas en tu vida que te roban energía y te afectan emocionalmente, busca ayuda profesional. No es conveniente andar por la vida emocionalmente agotado. Buscar ayuda te permitirá resolver estos problemas y mejorar tu actitud.

1. **Cuida tu higiene:** Este tema es de suma importancia. Mantén tu ropa limpia y cuida tu higiene personal. A menudo, llevo en una de mis maletas utensilios de limpieza personal, como perfume, desodorante y un cepillo de dientes. No hay nada más desagradable que hacer negocios con alguien que emana olores desagradables.

   Es un tormento para el prospecto, y desean que el vendedor se retire lo más rápido posible. Por lo tanto, cuida este aspecto al extremo. Si vas a emanar algún aroma, que sea agradable e inolvidable.

   En cuanto a la ropa, simplemente mantenla limpia y bien planchada, y asegúrate de que tus zapatos estén lustrados.

2. **Cuida tu vocabulario:** Presta atención al tipo de palabras que utilizas ante tus prospectos. Es esencial que tu vocabulario sea apropiado y profesional. A menudo, las personas emplean un lenguaje inapropiado que puede perjudicar su discurso y disminuir su autoridad. He observado que vendedores muy profesionales a veces utilizan en exceso folklorismos o palabras coloquiales en sus interacciones, sin darse cuenta de que esto afecta considerablemente su presencia.

3. **Herramientas de trabajo:** Un profesional de las ventas siempre llevará sus herramientas a la mano y las mantendrá en excelentes condiciones. Esto incluye una buena pluma, una agenda de calidad y cualquier material necesario para tu trabajo. Asegúrate de que estén limpios y ordenados. La presentación de tus herramientas también dice mucho de ti como vendedor.

4. **Un último detalle**: El vestuario del Rockstar debe ser impecable y adecuado para la ocasión. La regla es lucir al menos un 10% mejor que la persona mejor vestida en la sala. No es necesario vestirse de manera extravagante, pero sí de manera excelente. Los estudios de comportamiento humano muestran que las personas tienden a tratar mejor a quienes se ven mejor, y esto incluye la apariencia física y la salud. Por lo tanto, te sugiero que también trabajes en mantener un peso adecuado, ya que un físico en forma y saludable a menudo genera una impresión más positiva.

En resumen:

La clave es destacarte en cualquier lugar al que vayas gracias a tu actitud excepcional y positiva, ser un profesional en el campo de las ventas, tratar a todos con cortesía y vestir impecablemente, porque eres un Rockstar de las ventas.

Acciones a implementar hoy:

_____

_____

_____

_____

_____

Día 6: El Escenario Perfecto

Como todo Rockstar que eres, para tener una actuación magistral, debes contar con el escenario adecuado. Esto tiene que ver con todo lo que te rodea: la elección de los elementos que te sumen, te enriquezcan y te inspiren. Todo esto contribuirá a que mantengas un alto nivel de energía y emoción, lo que, por supuesto, impactará en tu desempeño.

A menudo, en mis entrenamientos, la gente me pregunta, "Joel, ¿cómo puedo lograr lo que deseo?" Siempre respondo lo mismo: no hay una acción específica que te lleve al éxito, ya que el éxito es multifactorial (aquí se encuentra un gran secreto). Si verdaderamente deseas ser una estrella de las ventas, debes comprender que esta parte es solo una de las múltiples acciones que te llevarán al estrellato. Por lo tanto, comencemos construyendo el escenario perfecto, agregando los elementos adecuados. Algunos de ellos son:

Tu Círculo de Poder: En mi libro "¿Qué tal si sí?" lo denomino "tus cómplices para el éxito". Esto se refiere a que, cuando tengas un nuevo objetivo en tu vida, debes rodearte de personas que vibren en la misma frecuencia que tú, que estén en el mismo camino y, sobre todo, que sean positivas y proactivas. Preferiblemente, deberían enriquecerte con sus éxitos en ese ámbito. Un lobo solitario es presa fácil de otros animales salvajes, pero en manada, es imparable. Puedes alcanzar retos mucho mayores con tus cómplices para el éxito. ¿Qué tipo de personas deberías tener cerca? Aquellas que cumplan con estos requisitos. Positivos, honestas, que te aporten valor, que te reten a ser mejor, adelante conforma tu manada lo antes posible.

Tu Hogar: Tu entorno exterior es un reflejo de tu interior.

Por lo tanto, es conveniente mantener tu casa limpia, confortable y en armonía. Debe ser un lugar perfecto para descansar después de cada batalla ganada. Dedica tiempo para ti y tus seres queridos, estudia, reflexiona y crea nuevos planes de acción. No se trata de lujos, sino de funcionalidad para que puedas estar en paz y recargarte. Es tu camerino, el lugar donde te preparas antes de entrar en escena. ¿Qué cambios o modificaciones debes hacer para que sea el lugar ideal para recargar energía?

Tus Pasatiempos y Deportes: No todo es trabajo. Es importante que dediques tiempo a actividades que te ayuden a despejar la mente y aumentar tu energía, ya sean pasatiempos o deportes. Personalmente, disfruto mucho del deporte y lo practico todos los días, desde el montañismo hasta el taekwondo, pasando por correr y levantamiento de pesas. Esto me ayuda a mantenerme en excelente condición física y con altos niveles de energía. Recuerda que no todo es trabajo; es esencial dedicar tiempo para que tu mente se relaje, ya que muchas buenas ideas surgen en esos momentos de esparcimiento.

Tus Herramientas: Recuerdo subir al flamante auto nuevo de una socia, quien me recogió en el aeropuerto. Aunque el automóvil era hermoso y nuevo, parecía un bote de basura debido a la acumulación de restos de comidas, platos sucios, vasos e incluso ropa sucia. Le pedí permiso para hacerle algunos comentarios al respecto, y ella accedió con agrado. Le hablé de la importancia de cuidar su imagen y de cómo su automóvil es una extensión de ella misma. En una segunda ocasión en que me recogió en el aeropuerto, observé con agrado que su auto estaba recién lavado. Como mencioné antes, es fundamental cuidar tu imagen y tus herramientas, ya que son parte de tu contexto y una extensión de ti. Haz una lista de las herramientas que necesitas en tu día a día para lograr una presentación extraordinaria. Asegúrate de tenerlas en buen estado.

Mi estimada estrella de las ventas, es hora de analizar y construir conscientemente un entorno positivo mega enriquecedor. Esto sin duda te apoyará considerablemente en la mejora de tus resultados, y es parte de lo que Stephen Covey denomina "Afilar la hacha".

Reflexión: "Un fracasado hace, en su mayoría, lo que quiere, aunque eso no le convenga. Un exitoso observa, analiza y hace lo que le conviene".

Mis acciones a implementar hoy son:

_____

_____

_____

_____

_____

_____

_____

Muchas personas dicen y creen que deben ser aceptadas tal como son. Sin embargo, en el ámbito empresarial, somos considerados productos y, por lo tanto, es necesario que nos adaptemos a los requisitos de nuestros clientes. En otras palabras, debemos esforzarnos por ser la mejor versión de nosotros mismos. La pregunta clave es: ¿cuánta disposición tienes para aprender y realizar cambios positivos en tu vida? Esto implica llevar a cabo una poderosa reingeniería personal.

Día 7: Día de Implementación Acelerada

El éxito ama la velocidad, mi querido Rockstar de las ventas. Quiero recordarte que este no es solo un libro, sino una guía de pasos con instrucciones claras. No se trata solo de leer y reflexionar, de pensar "qué buen consejo" o, peor aún, la típica frase "eso ya lo sabía". ¡No! Este libro está diseñado para que leas un punto por día, lo analices y lo pongas en práctica de inmediato.

Recuerda que tu éxito no solo está relacionado con lo que sabes, sino con lo que haces con ese conocimiento y la intensidad y pasión que le pones a la implementación de tus ideas y acciones.

Ahora, hagamos un repaso de lo que hemos visto hasta este momento:

- Adoptar la actitud de un Rockstar.
- Clarificar tu objetivo transformador.
- Cómo elevar tu energía para triunfar.
- Programar tu mente para el éxito.
- Vestirte para el éxito.
- Crear un entorno pro-éxito.

Ten en cuenta que este proceso es como armar un rompecabezas. Aunque quizás no lo notes de inmediato, cada una de estas piezas es importante. Imagina que estás armando un rompecabezas de 1000 piezas y pierdes una de ellas. Al final, la ausencia de esa pequeña pieza se notará de manera significativa.

Por lo tanto, te invito a implementar hoy mismo las acciones que hayas dejado pendientes para completar este proceso. Recuerda siempre que eres un Rockstar de ventas y, como tal, buscas la excelencia en tus acciones para lograr resultados extraordinarios. ¡Manos a la obra!

"El éxito es un proceso, una secuencia de pasos.
Cuando tienes claridad sobre estos pasos, tu tarea es
avanzar y disfrutar del camino"

Mis acciones a implementar hoy son:

_____

_____

_____

_____

_____

_____

_____

Día 8: ¡Show Time!

Es hora de la segunda llamada. Prepárate para dar lo mejor de ti en la tercera llamada entraras al escenario a entregarte apasionadamente, como si estuvieras en una actuación de Broadway.

Tuve la oportunidad de asistir a un espectáculo VIP del Cirque du Soleil en la Riviera Maya, México. Fue un evento fuera de serie: el escenario era majestuoso, los actores eran soberbios y sus trajes espectaculares. Pero lo que más me impresionó fue la coordinación entre todos ellos y su fluidez en el escenario. Todo fue excelente, esto claramente fue el resultado de la preparación, horas interminables de ensayo y un trabajo intenso.

Si hay un secreto que distingue a un Rockstar de las ventas de los demás, es su constante preparación y práctica continua, además de una actitud extraordinaria.

Cuando te encuentres frente a un prospecto (ahí es donde se encuentra el escenario), todo debe fluir con excelencia, como resultado de tu esfuerzo y trabajo arduo. Recuerda que el éxito tiene muchos componentes, pero la casualidad nunca forma parte de la ecuación del éxito.

Una de las áreas en las que debes prepararte, a menudo subestimada pero fundamental, es todo lo relacionado con la empresa con la que colaboras, tu producto y el proceso de compra y entrega. Lo que más denota falta de profesionalismo en un vendedor es no tener respuestas claras sobre su producto, servicio y empresa. En estos tiempos en los que todos estamos muy ocupados, la capacidad de ser claro, directo y conciso es muy valorada. Por lo tanto, hoy te someto a un examen sorpresa, platícame acerca de:

Tu empresa

_____

_____

_____

_____

_____

Tu producto o servicio

_____

_____

_____

_____

¿Por qué deberían comprarte a ti?

_____

_____

_____

_____

¿Cómo va a mejorar la vida de tu cliente al adquirir tu producto o servicio?

_____

_____

_____

_____

¡Felicidades! Eres un profesional. Tu explicación fue clara y concisa. En los capítulos siguientes, trabajaremos en profundidad para hacer tu mensaje aún más poderoso y magnético.

Recuerda que, al final del día, todos desean tratar con un profesional. Esto es solo un comienzo, pero muchos ejecutivos de ventas ni siquiera dominan lo básico. No permitas que eso sea parte de tu historia. Sorpréndeme. Si realmente deseas hacer carrera en esta empresa, dominar la información básica no es opcional.

Ahora, otro desafío:

¿Cuál es la misión, visión y valores de tu empresa? Investígalo si no lo sabes y anótalo a continuación:

Misión

_____

_____

_____

_____

_____

Visión

_____

_____

_____

_____

Valores

_____

_____

_____

_____

_____

Estos puntos son el alma de la empresa, por eso es crucial que los conozcas, Finalmente, comparte lo que has escrito con algunas personas y pide retroalimentación.

Ahora repite conmigo:

"Soy un profesional de las ventas con un mensaje claro, conciso y poderoso que atrae irresistiblemente a mi prospecto"

Mis acciones para implementar hoy son:

_____

_____

_____

_____

_____

_____

_____

Día 9: Soy un Solucionador

"¿A qué te dedicas?", le pregunté a uno de los asistentes a mi entrenamiento de ventas. Él me contestó: "Soy abogado". Le respondí: "No, a eso no te dedicas; esa es tu profesión". Luego, repetí mi pregunta: "¿Qué solucionas?". Me miró desconcertado, sin saber qué contestar. Desafortunadamente, la mayoría de las personas caen en el mismo error, sin tener claridad sobre qué solución tienen en sus manos. Ahora es tu turno.

¿A qué te dedicas? Háblame de tu solución o ¿qué resuelves? Responde la pregunta.

_____

_____

_____

_____

_____

Este tema es fundamental, ya que al tener claridad sobre qué solucionamos con nuestro producto o servicio, podemos identificar fácilmente quiénes son nuestros clientes ideales y de qué manera debemos comunicarnos con ellos para que finalmente se conviertan en nuestros clientes habituales.

Ahora trabajemos en clarificar qué solucionas. Basado en esto, crearás uno o varios enunciados de tu solución. Tomemos un ejemplo: una estilista. Podríamos decir de manera simple que ella se dedica a cortar el pelo, pero su labor va más allá de eso: pintar el cabello, maquillar a sus clientas o ponerles uñas acrílicas. La pregunta clave es: ¿qué emociones genera en una persona cuando alguien va con ella? Si la respuesta es seguridad, confianza, sentirse más bella y deslumbrante, entonces,

¿cómo podemos plasmar todo eso?

Ella se dedica a ayudar a las mujeres, porque gracias a sus arreglos, la belleza de sus clientas puede sobresalir. Esto les hace sentirse más bellas y radiantes, generando confianza, seguridad y siendo la envidia de otras mujeres, así como la admiración de los caballeros.

¿Qué experiencia va vivir tu prospecto si adquiere tu producto o servicio?

Como verás, esto es muy diferente a decir "solo se dedica a cortar el pelo", "solo maquilla" o "solo pone uñas". Tu producto o servicio genera beneficios en la persona: emociones y sensaciones como felicidad, placer, alegría, certidumbre y fe. Sé que todo esto suena muy holístico, pero al final del día, se trata de la experiencia que desea vivir tu cliente gracias a lo que tú ofreces. Yo distribuyo un nutracéutico de muy alta calidad, pero realmente me dedico a solucionar lo siguiente:

Yo me dedico a ayudar a las personas que están pasando por un mal momento debido a su enfermedad crónica, ofreciéndoles una oportunidad real con bases científicas para una mejoría tangible.

Si observas, en ningún momento mencioné marcas o productos. Eso no les interesa a las personas; lo que desean es tu solución, la nueva experiencia positiva que van a disfrutar gracias a tu producto.

Ahora es tiempo de que escribas tu propio enunciado: ¿Qué solucionas?

Felicidades, me emociona saber que eres más que un simple vendedor, eres un solucionador. Todos los días, hay personas que se levantan con un gran dolor de cabeza debido a un problema que tienen, y tu producto o servicio podría solucionarlo. Ellos desean conocerte (aunque aún no lo sepan). Por eso, es importante que te quede claro cuál es tu solución y cómo transmitir tu mensaje.

Para que podamos continuar necesito que me prometas algo, jamás vuelvas a hablar al inicio de tu producto o servicio, siempre inicia hablando de soluciones.

Recuerda:

"El que más soluciona problemas, más gana."

Soy un solucionador. Muchas personas están ansiosas y emocionadas de conocer mi solución, y yo estoy listo para apoyarlas.

Mis acciones a implementar el día de hoy son:

_____

_____

_____

_____

_____

_____

_____

Rockstar de Ventas

Día 10: Alguien desea ardientemente tu solución.

¿Quién podrá salvarme? De repente, de la nada, sale el épico personaje de televisión gritando: "¡Yo, el Chapulín Colorado!" De la misma manera, todas las mañanas, muchas personas se levantan con un gran dolor de cabeza debido a un problema que necesitan solucionar urgentemente, y casualmente tu producto o servicio podría ayudarles al respecto. Ahora, tú debes estar listo para saltar y decirles: "Yo tengo la solución a ese problema."

Lo poderoso de este tema es que cuando hablas con la persona idónea, la posibilidad de un resultado positivo es sumamente alta. La conversación con tu prospecto es positiva, fluida y sumamente divertida. La clave está en estar con la persona indicada. Más de una vez he escuchado a mis prospectos decir: "Eres la respuesta a una oración que hice anoche", y todo esto gracias al poder de tener claridad respecto a quién es la persona idónea para mi solución (producto o servicio).

Para que quede más claro, te voy a poner un ejemplo de un cliente ideal para un nutracéutico que ayuda a las personas con problemas de diabetes tipo 2:

Mujeres 70%, hombres 30%

Edades entre 40 y 60 años

Ingresos promedio entre 700 y 2000 dólares

Ubicación geográfica no determinada

Condición específica: diabéticos descontrolados, con secuelas de neuropatía, retinopatía, alguna disfunción renal o pie diabético.

Imagina que eres el director de recursos humanos (Talento

humano) de una empresa y estás a punto de contratar rigurosamente a un nuevo colaborador. Entonces, defines 4, 5 o 6 características que tu futuro colaborador debe cubrir. De la misma manera, para no perder el tiempo, debes tener muy claro cuáles son las principales características de tu futuro cliente.

Al tener claridad sobre lo que solucionas, ahora la pregunta que debes hacerte es: ¿quién estaría sumamente contento de conocer mi solución? Una manera sencilla de responder es observar quién ya está consumiendo tu solución y crear un patrón de coincidencias, como:

¿Cuál es la edad promedio?

¿Qué sexo es o cual es el sexo predominante?

¿Dónde se encuentran geográficamente?

¿Tienen algún nivel educativo en común?

¿Qué características especiales comparten? Esto se refiere a necesidades o problemas en común de las personas que estamos analizando, como el sobrepeso o alguna enfermedad en especial.

Este ejercicio se denomina en mercadotecnia "segmentación de mercado". Básicamente, se trata de identificar a tu mercado objetivo o cliente ideal.

Ahora, a hacer la tarea e identificar las características específicas que comparten las personas que estarían interesadas en tu solución. Te garantizo que esto aumentará radicalmente tus resultados.

Hago énfasis en comentarte que este tema es de suma importancia. De hecho, diría que es uno de los principales. Puedes estar muy preparado, pero si no estás frente a la persona indicada, definitivamente no lograrás realizar la venta. Manos a la obra.

Repite conmigo:

> *"Tengo claro lo que soluciono y quién estaría muy contento de escuchar mi solución. Por eso, soy un Rockstar de ventas"*

Mis acciones a implementar el día de hoy son:

_____

_____

_____

_____

_____

_____

_____

Rockstar de Ventas

Día 11: La carnada

¿Estás embarazada? ¿Te gustaría tener tiempo para asistir a tus estudios clínicos y descansar en casa cuando lo necesites sin tener que pedir permiso? ¿Buscas una oportunidad de ingresos de $500 dólares o más a través de tus redes sociales?

¿Eres abogado? ¿Deseas aumentar tu base de clientes y que te paguen puntualmente sin perseguirlos? Tengo un método de marketing para abogados que puede aumentar tu número de clientes en un 500% en tiempo récord.

¿Olvidas las cosas con facilidad? ¿Te presentan a alguien y de inmediato olvidas su nombre? ¿Lees y lees sin retener nada? Puedo ayudarte. Contáctame y te mostraré el sistema que utilizan las personas más exitosas para tener una "súper memoria".

Estimados Conquistadores de Sueños, entender claramente qué problema resuelve tu producto, servicio u oportunidad de negocios es esencial. Una vez que conozcas las características que atraen a tus posibles clientes, el siguiente paso es identificar su "dolor" y crear una estrategia de promoción con "carnadas" que capten su atención. Te encantará esta metodología.

Para ser más asertivo al crear una carnada, te asigno la tarea de hablar con tus clientes actuales y hacerles estas preguntas:

- ¿Qué solucionó nuestro producto o servicio para ti?

- ¿Qué te llamó la atención en particular?

- ¿Habías buscado otras soluciones antes de elegirnos?

- ¿Por qué nos elegiste?

Este sencillo cuestionario te proporcionará información valiosa para crear carnadas efectivas, ya sea en forma de imágenes, mensajes de texto, correos electrónicos, llamadas telefónicas o conversaciones en persona. Recuerda, tus clientes actuales son una fuente inagotable de conocimiento que te ayudará a mejorar constantemente. Escucharlos es una de las mejores prácticas que puedes adoptar como Rockstar de las Ventas.

A continuación, te proporciono algunos ejemplos de carnadas:

• ¿Deseas un divorcio rápido, fácil y económico para recuperar tu tranquilidad? Llámame y te mostraré cómo hacerlo.

• ¿Sueñas con comprar una casa, pero tienes problemas de crédito? Contáctame; tengo la solución para que obtengas un crédito preaprobado en menos de 24 horas.

• ¿Has intentado numerosas dietas sin éxito? Ponte en contacto conmigo y te revelaré un método sencillo y divertido que miles de personas han utilizado para alcanzar su peso ideal de manera rápida.

Ahora, es hora de crear un texto ganador. Te animo a escribirlo, aunque sientas que no tienes toda la información necesaria. Lo importante es comenzar a practicar. Aquí tienes un ejemplo:

Mi texto ganador:

¿Eres un vendedor? ¿Deseas aumentar tus ventas en un 500% en tiempo récord? Mi libro, "Rockstar de Ventas", te enseñará estrategias precisas para superar el estancamiento y destacarte como la estrella de ventas en tu empresa. Si aplicas estas estrategias y no obtienes resultados, te reembolsaré el 100% de tu inversión sin preguntas.

¡Felicidades, querido Rockstar! Ya te visualizo en acción, y con sinceridad te digo que me emociona saber que tus ventas, solo con estas estrategias, pronto te llevarán a la galería de campeones.

Mis acciones a implementar hoy son:

_____

_____

_____

_____

_____

_____

_____

Atención:

A partir de la siguiente página, nos adentraremos en un mundo de conocimientos y estrategias que los líderes de nivel global dominan y aplican. Estos conocimientos, aunque breves, son cruciales. Mantente alerta y pregúntate constantemente cómo puedes aplicar este conocimiento para convertirte en un Rockstar de Ventas

Día 12: Neuro ventas

Las neuro ventas son la aplicación de los conocimientos derivados de los estudios sobre el funcionamiento del cerebro, las emociones y el comportamiento de las personas al momento de realizar una compra.

El ser humano es sumamente complejo; sin embargo, gracias a la tecnología actual, estamos comenzando a desentrañar los enigmas que rodean su comportamiento. Estos conocimientos son aplicables en los negocios y, en particular, en el ámbito de las ventas. Si deseas convertirte en una estrella de las ventas, debes comprender los aspectos básicos del comportamiento humano que influyen en la toma de decisiones, ya sea de manera consciente o inconsciente. Te sorprenderás al descubrir que la mayoría de las personas tiende a tomar decisiones más irracionales y emocionales, guiadas por instintos y pasiones, en lugar de decisiones racionales.

Cuando alguien te llama "inconsciente" en tono de broma, lo que no alcanza a comprender es que, en realidad, somos inconscientes la mayor parte del tiempo. Por ejemplo, cuando una persona se casa, está literalmente "drogada" por las hormonas que segrega su organismo, como la adrenalina, la endorfina y la serotonina. Cuando una mujer visita una tienda de ropa, estas grandes empresas crean un entorno que desconecta literalmente su pensamiento racional y la lleva a comprar prendas que quizás no necesita. Estoy seguro de que has dicho o escuchado la excusa de "me hacía falta porque no tenía una prenda de ese tono". Por lo tanto, adentrémonos en las profundidades del cerebro humano.

Los clientes muchas veces son unos inconscientes

Según la teoría del cerebro triuno o trino de Paul MacLean,

el cerebro se divide en tres grandes áreas, cada una con su propia lógica de funcionamiento, desarrollándose una sobre otra a medida que evolucionamos como seres humanos. Estas áreas son:

1. Cerebro primitivo, reptil o animal: Esta es la parte más antigua del cerebro y no es reflexiva. Su función principal es mantenernos vivos, impulsándonos a actuar de manera inconsciente. El cerebro no está diseñado para ayudarnos a triunfar o ser felices; de hecho, activa sus alarmas internas para sabotearnos cuando deseamos emprender algo desconocido, ya que se siente seguro solo con lo que conoce y domina. Sus principales funciones incluyen la supervivencia, la regulación de funciones vitales, el alejamiento del dolor, el comportamiento territorial y las necesidades reproductivas, que son especialmente relevantes en el ámbito de las ventas.

2. Cerebro límbico: También conocido como "cerebro emocional", aquí se originan las emociones como el miedo, la felicidad, la tristeza, la alegría y la rabia. Estas emociones influyen en gran medida en nuestras reacciones y acciones. La amígdala, un órgano dentro del cerebro límbico, desempeña un papel crucial en las respuestas emocionales. En ventas, es importante recordar que las personas no siempre recuerdan lo que se les dijo, pero sí cómo se les hizo sentir.

3. **Neocórtex:** Esta es la parte racional de nuestro cerebro, analítica, calculadora y creativa. Es la que nos diferencia de otras formas de vida y nos hace seres humanos pensantes. Aunque a menudo creemos que pensamos de manera racional la mayor parte del tiempo, en realidad, esta parte del cerebro tiene un papel limitado en nuestras decisiones.

¿Quién toma las decisiones de compra? Según los expertos,

el 80% al 90% de las decisiones se toman a nivel inconsciente. Por lo tanto, debemos aprender a estimular los cerebros reptiliano y límbico para tener éxito en las ventas.

Algunos consejos para estimular estos cerebros incluyen proyectar confianza, establecer una conexión genuina con el prospecto, evocar necesidades básicas, estimular miedos o dolor (que son motivadores poderosos), crear escasez, provocar emociones positivas y ofrecer opciones para que el cliente se sienta en control.

En resumen, las ventas son una ciencia que requiere comprender y aplicar estos principios. El éxito en las ventas no se basa en la suerte, sino en la preparación y el trabajo duro. Aprovecha la oportunidad de aprender y aplicar estos conceptos en tu carrera de ventas.

Algunos me considerarán afortunado, pero mi éxito se basa en la lectura de muchos libros, la asistencia a numerosos entrenamientos, reuniones con mentores y la aplicación constante de lo aprendido hasta alcanzar tus objetivos. En el éxito, no hay suerte, sino preparación y esfuerzo.

A continuación, detalla las acciones que implementarás hoy, para estimular al cerebro, para que sea inducido a decir si a tu producto o servicio:

_____

_____

_____

_____

_____

_____

Rockstar de Ventas

Día 13: ¿Por qué actuamos como actuamos?

El ser humano es un enigma en sí mismo, como mencioné en el capítulo anterior. Comprender los procesos internos de las personas y cómo funciona el cerebro desde la perspectiva de los motivadores de la acción puede proporcionarte una ventaja significativa en la vida y los negocios.

Identificar y conocer los resortes que nos impulsan a actuar, a menudo de manera inconsciente, te permitirá influenciarlos para dirigir la acción hacia donde desees. Esto, sin duda, te situará entre el 1% de los vendedores estrella.

El ser humano se mueve en busca de satisfacer necesidades internas. Sorprendentemente, todo esto está relacionado con nuestro ADN. En otras palabras, requerimos que estas necesidades intrínsecas se satisfagan para vivir plenamente. Estas necesidades son de naturaleza psicológica, pero lamentablemente, la mayoría de las personas, que desconocen estos conceptos, intentan satisfacerlas de manera poco saludable y, en ocasiones, enfermiza.

Como psicólogo y experto en estos temas, cuando escucho acerca de un delito, como un asesinato, sé que, en el fondo, el agresor está tratando de satisfacer una necesidad interna. Sin embargo, debido a la falta de comprensión en esta área y la carencia de herramientas psicológicas, terminan transgrediendo a una persona inocente y leyes impuestas para nuestra seguridad para vivir en armonía en sociedad. Estoy seguro de que esto te sorprende, pero es una verdad innegable.

Estas necesidades se convierten en potentes motores de la acción y responden a la pregunta de por qué actuamos de la manera en que lo hacemos. Las necesidades básicas del ser humano son las siguientes:

Seguridad: esta es una de las necesidades más fundamentales que todo ser humano requiere. Está relacionada con la sensación de estar en un entorno seguro y predecible, lo cual es esencial para desenvolverse eficazmente en la vida, ya sea en el ámbito personal, de pareja o laboral. La seguridad es un componente crucial para experimentar la paz, que, a su vez, es un factor determinante del éxito y la plenitud. Es importante destacar que, en su mayoría, se trata de una sensación o sentimiento que las personas buscan para sentirse seguras.

Variedad: una vez que hemos logrado cierta certidumbre en nuestras vidas, empezamos a buscar la variedad y la emoción. Esto se logra mediante la exploración de nuevas experiencias, aventuras y actividades que rompan con la monotonía. Algunas de estas actividades pueden ser sanas, mientras que otras pueden poner en peligro nuestras vidas o nuestra estabilidad, como la infidelidad, tomarse una foto en el borde de un precipicio, lanzarse en paracaídas desde un edificio o conducir a toda velocidad en un vehículo o motocicleta, entre otras. El ser humano, por naturaleza, es adicto a la adrenalina en mayor o menor medida.

Significado: las personas no son perezosas. Sin embargo, para que actúen, necesitan que lo que hacen tenga un significado poderoso. Por ejemplo, es probable que no donarías un riñón sin razón, pero si se agrega un motivo significativo, tu respuesta cambiaría. ¿Estarías dispuesto a donar un riñón a alguien a quien amas profundamente y, de ese modo, salvar su vida? Seguramente responderías afirmativamente. A menudo, las personas no realizan acciones que son beneficiosas para ellas hasta que estas tienen una carga emocional significativa. Por ejemplo, dejar de fumar, comenzar a hacer ejercicio o perder peso suelen requerir una motivación emocional poderosa para llevarse a cabo.

Conexión/Amor: el contacto físico, emocional y afectivo, así como la sensación de estar conectados con algo o alguien, son esenciales para los seres humanos. La falta de conexión y amor puede ser perjudicial e incluso mortal en algunos casos. La pertenencia a una comunidad, grupo o tribu también satisface esta necesidad.

Crecimiento: el progreso y el crecimiento son fundamentales para sentirse plenos y felices. Cuando avanzamos y alcanzamos nuestros objetivos, experimentamos una sensación de satisfacción y logro. El crecimiento es adictivo y nos motiva a seguir mejorando.

Trascender/Dejar un legado: una vez que hemos satisfecho las cinco necesidades básicas anteriores, buscamos trascender y dejar un legado. Esto implica mirar más allá de nosotros mismos y pensar en cómo podemos contribuir al mundo. Ya no se trata solo de nosotros, sino del impacto que podemos tener y dejar.

La clave para un vendedor está en saber cómo conectar su producto o servicio con estas necesidades básicas de su prospecto. ¿Cómo puedes mostrarle que tu oferta satisface una o más de estas necesidades? Cuando un producto o servicio cubre tres o más de estas necesidades, es probable que el cliente se sienta fuertemente atraído hacia él.

Ahora, conociendo estas necesidades psicológicas, puedes buscar satisfacerlas de manera sana y positiva, generando paz, amor y felicidad en la vida de las personas.

Recuerda que comprender estas necesidades puede ser una poderosa herramienta para mejorar tus habilidades de ventas y tus relaciones interpersonales en general. Por lo tanto, es muy importante que hagas preguntas clave y estés muy atento a las respuestas.

La pregunta clave es: ¿Qué debo comunicar, realizar o ofrecer al prospecto para que perciba que mi producto o servicio satisface una o varias de sus necesidades fundamentales?

Mis acciones a implementar el día de hoy son:

_____

_____

_____

_____

_____

_____

_____

Día 14 - Conociendo a mi prospecto

En el legendario libro "El Arte de la Guerra" del General Sun Tzu, se hace un énfasis considerable en conocer al enemigo antes de emprender una batalla, con el propósito de salir victorioso al comprender sus fortalezas y debilidades. Si bien tu prospecto no es un adversario, es fundamental entender la psicología, el momento de vida y las necesidades de las personas para adaptar proactivamente tu presentación a su temperamento y requerimientos.

Las personas somos predecibles en general, con ciertas necesidades, motivaciones y formas de interactuar en el mundo. Las ventas son especialmente bien remuneradas debido al desafío que representa tratar con otros individuos. Recuerdo una vez que una ejecutiva me dijo: "Joel, quiero renunciar, no aguanto a X cliente". Le expliqué que no nos pagan simplemente por vender el producto, ya que este se vende por sí solo, sino por brindar servicio a los clientes y establecer una conexión con ellos, el producto y nuestra empresa.

Por lo tanto, querido Rockstar de las ventas, exploraremos algunos aspectos de la psicología del comportamiento humano según la teoría de los temperamentos, que se dividen en cuatro tipos: General, Artista, Constructor y Poeta. Analicemos las fortalezas y debilidades de cada uno de ellos para adaptar nuestro mensaje según el temperamento de nuestro prospecto.

General:

Fortalezas: Líder, voluntarioso, independiente, proactivo, visionario, productivo y decidido.

Debilidades de carácter: A veces es frío, insensible, directo en la comunicación, rencoroso, sarcástico y dominante. Suele carecer de tacto y puede ser cruel.

Enfoque: Orientado a tareas y es extrovertido.

Artista:

Fortalezas: Expresivo, atento, cálido, amistoso, comunicativo, alegre, entusiasta y compasivo.

Debilidades de carácter: Inconstante, indisciplinado, distraído, poco productivo, egocéntrico, exagerado, en ocasiones mentiroso y dado a los chismes.

Enfoque: Orientado a las personas y es extrovertido.

Constructor:

Fortalezas: Analítico, estratégico, trabajador, disciplinado, comprometido, obsesivo, diplomático y confiable.

Debilidades de carácter: Indeciso, desconfiado, calculador, desmotivado y ansioso.

Enfoque: Orientado hacia las actividades y es introvertido.

Poeta:

Fortalezas: Sensible, creativo, romántico, idealista, leal, habilidoso, minucioso, delicado, analítico y abnegado.

Debilidades de carácter: Variable, crítico, negativo, antisocial, confuso e inflexible.

Enfoque: Personas y es introvertido.

Es importante destacar que no existe un temperamento superior a otro, sino que cada uno tiene características que son adecuadas para diferentes actividades. Todos podemos aprender y enriquecernos al interactuar con personas que tienen temperamentos diferentes al nuestro.

Sin embargo, el reto radica en que, a menudo, los vendedores se comunican con sus prospectos desde su propio temperamento, lo que puede generar un desajuste en la comunicación. Por lo tanto, es crucial adaptar tu mensaje y estilo de presentación según el temperamento predominante de tu prospecto. Algunos ejemplos son:

General

• Sé directo y claro: Los generales valoran la eficiencia y la comunicación directa. Ve al grano y comunica tu mensaje de manera concisa.

• Destaca resultados: Muestra cómo tu producto o servicio puede resolver problemas y lograr resultados concretos.

• Sé firme y seguro: Muéstrate confiado en lo que ofreces y en tu capacidad para cumplir con las promesas.

• Escucha activamente: Aunque son dominantes, permite que expresen sus ideas y preocupaciones. Escucha atentamente.

• Ofrece opciones: Les gusta tener control, así que proporciona opciones y soluciones.

• Mantén un tono positivo y desafiante: Sé positivo y dispuesto a aceptar desafíos constructivos.

• Establece metas y plazos: Ayúdales a definir metas claras y plazos para tomar decisiones.

• Sé paciente: Algunos coléricos pueden tomar decisiones con cautela, respeta su proceso.

• Muestra respeto: Reconoce su autoridad y trátalo con

cortesía y profesionalismo.

Artista

• Establece una Conexión Personal: Comienza la conversación con un saludo amigable y muestra interés genuino por su vida y experiencias.

• Mantén un Ritmo Energético: Acompaña su entusiasmo con el tuyo. Habla de manera animada y utiliza un lenguaje positivo y emocionante.

• Resalta la Diversión y la Emoción: Destaca cómo tu producto o servicio puede agregar diversión y emoción a sus vidas.

• Proporciona Opciones y Variedad: Los sanguíneos aprecian la variedad. Presenta opciones y características adicionales para mantener su interés.

• Escucha sus Historias: Permíteles compartir anécdotas y experiencias. Escucha con entusiasmo y haz preguntas relacionadas.

• Crea un Ambiente Agradable: Si es posible, establece un ambiente de venta que sea acogedor y amigable.

Constructor

• Escucha Activa: Permíteles expresar sus pensamientos y sentimientos sin interrupciones. Escucha con atención.

• Proporciona Información Detallada: Ofrece información precisa sobre tu producto o servicio. Los poetas aprecian los hechos y los detalles.

• Establece un Ritmo Tranquilo: Evita la prisa y el exceso de entusiasmo. Habla en un tono calmado y sereno.

• Sé Paciente: pueden tomar tiempo para tomar decisiones. No los presiones ni los apresures.

• Muestra Fiabilidad: Destaca la confiabilidad de tu producto o servicio y cómo puede simplificar sus vidas.

• Resalta Beneficios a Largo Plazo: Enfatiza cómo tu oferta puede brindar beneficios a largo plazo y mejorar la comodidad y la estabilidad.

Poeta

• Establece un Ambiente Tranquilo: Proporciona un entorno de venta cómodo y sin distracciones.

• Sé Paciente: Los poetas aprecian la atención a los detalles y pueden tomar decisiones lentamente. Permíteles su tiempo.

• Proporciona Información Detallada: Proporciona información completa y precisa sobre tu producto o servicio. Responde a todas sus preguntas.

• Escucha Activamente: Muestra empatía y escucha sus preocupaciones y necesidades con atención. Haz preguntas abiertas para fomentar la comunicación.

• Resalta la Calidad y la Fiabilidad: Enfatiza la durabilidad, la calidad y la confiabilidad de tu oferta.

• Ofrece Garantías y Seguridad: Proporciona garantías y políticas de devolución para que se sientan seguros con su compra.

• Evita la Presión: Deja que tomen su tiempo para considerar su decisión.

La maestría

Es cierto que el apóstol Pablo fue un destacado comunicador y difusor del evangelio cristiano en su tiempo, y su capacidad para adaptarse a diversas circunstancias y audiencias fue notable. Su versículo en Filipenses 4:11-13 es un testimonio de su habilidad para encontrar la paz y la fortaleza en todas las situaciones de la vida, lo que sin duda contribuyó a su éxito como predicador y líder religioso.

Pablo no solo compartió su mensaje con aquellos que estaban dispuestos a escuchar, sino que también supo cómo conectar con personas de diferentes trasfondos y temperamentos. Su capacidad para adaptarse a las circunstancias y a las necesidades de su audiencia lo convirtió en uno de los apóstoles más influyentes de la historia del cristianismo, y su legado perdura hasta el día de hoy.

Esta lección de adaptabilidad y empatía puede ser una fuente de inspiración para los vendedores modernos. Al comprender que cada prospecto es único y puede tener diferentes necesidades y temperamentos, los vendedores pueden aprender a adaptar su enfoque de ventas para lograr una conexión más significativa y efectiva con sus clientes potenciales. La capacidad de adaptarse a diferentes circunstancias y temperamentos es, sin duda, una habilidad valiosa tanto en el mundo de las ventas como en la vida en general.

Mis acciones a implementar el día de hoy son:

_____

_____

_____

_____

Día 15: Yo lo veo, tú lo escuchas y él lo siente.

Tres personas pueden estar en una misma reunión con el mismo ejecutivo de ventas, pero curiosamente cada uno de ellos podría estar percibiendo la información de manera totalmente diferente y, de acuerdo a esa percepción, tomar una decisión totalmente opuesta.

Cada persona tiene diferente método de percibir el mundo y su percepción es su realidad

Como ya hemos comentado, el ser humano es toda una caja de sorpresas. De acuerdo con la Programación Neurolingüística (PNL), las personas percibimos y aprendemos del mundo de tres maneras distintas, aunque siempre predomina una de ellas, pudiendo tener otra desarrollada. Esto está basado en los cinco sentidos: la vista, la audición, el olfato, el tacto y el gusto. En términos de PNL, serían el canal auditivo, visual y kinestésico (olfato, tacto y gusto).

Pero, ¿qué es la PNL según Robert Dilts? "Es un modelo acerca de cómo trabaja nuestra mente, cómo el lenguaje afecta esto y cómo usar este conocimiento para programarnos a nosotros mismos de manera que nuestra vida y las cosas que hacemos nos resulten más fáciles y eficientes".

Te recuerdo, querido estrella de las ventas, que nuestro negocio no consiste solo en vender tu producto; nuestro verdadero negocio es aprender a conectar con las personas para que decidan hacer negocios contigo. Por este motivo, estamos explorando en las profundidades del comportamiento humano y los motivadores de sus acciones.

Como mencioné anteriormente, tenemos tres principales formas de percibir el mundo. Estas son:

Auditivo: Sus principales características son estar atentos a la conversación, prestar atención a lo que se dice y cómo se dice (entonación, modulación de la voz), les gusta preguntar y resolver las cosas hablando y disfrutan de la música.

Visual: Sus principales características son gesticular mucho, necesitan ver para creer, hablan rápido, les cuesta concentrarse si hay mucha actividad visual, crean imágenes internamente y son observadores de su entorno y las personas que los rodean.

Kinestésico: Sus principales características son centrarse en sus sentimientos, experiencias táctiles, procesar información a través de acciones, disfrutan del contacto físico y tocan mucho. Hablan más despacio y sus decisiones se basan en cómo se sienten o cómo los hacen sentir (aquí hay una clave importante).

¿Qué aplicación tienen en las ventas las técnicas y conocimientos de PNL? Al conocer este modelo de percepción de las personas, al hablar con tus prospectos, puedes identificar a cuál grupo pertenecen y presentarles la información de acuerdo a su canal predominante.

Por ejemplo:

• Con clientes visuales, los estimularás con imágenes, una presentación impecable, catálogos, videos y todo lo que implique mostrar ayudas visuales.

• Con clientes auditivos, los estimularás a través de la conversación, el uso de sonidos y la música, cuidando tus palabras y cómo las pronuncias (entonación y modulación).

• Con clientes kinestésicos, necesitas un enfoque cálido, contacto físico, muestras que puedan tocar y sentir.

Recuerda siempre que el mundo es una representación holográfica individual, un mismo suceso puede generar felicidad y alegría en una persona, y tristeza y desolación en otra. Es su mundo interior interpretando e impulsando a actuar, en su mayoría de manera inconsciente.

Ten en cuenta que esta metodología de estudio del comportamiento humano se basa en cómo una persona percibe el mundo. Por lo tanto, al identificar el canal de percepción de tu prospecto, estarás un paso adelante, y tus ventas mejorarán considerablemente.

Mis acciones a implementar el día de hoy son:

_____

_____

_____

_____

_____

_____

Rockstar de Ventas

Día 16: implementación acelerada

Es hora de hacer un alto, es el momento de asegurarnos de que estamos implementando todo lo que estamos aprendiendo. Recuerda que los temas que hemos cubierto en este segundo segmento son:

- ¡Show Time!

- Soy un solucionador

- Alguien desea ardientemente tu solución.

- La carnada

- Neuro ventas

- ¿Por qué actuamos como actuamos?

- Conociendo a mi prospecto

- Yo lo veo, tú lo escuchas y él lo siente

Ponlos en acción. Si te falta algún punto o tema, este es el momento adecuado para implementarlo.

Reflexión

"Puedes ascender a la cima del éxito en cualquier cosa que te propongas. Créelo, la grandeza está dentro de ti. Ahora, es momento de tomar acción masiva"

¡Sigue adelante!

¡Es tiempo de celebrar!

Felicidades porque estoy seguro que ya estas cosechando éxitos, queremos celebrar contigo, para eso te pido que te unas al grupo de Facebook "Emprendedor Legendario" sube una foto con el libro y platícanos que estrategia te ha ayudado a mejorar tus resultados.

QR

https://www.facebook.com/groups/187083671894562

Ahora repite conmigo:

"Yo soy un Rockstar de las ventas, soy el portador de una solución que está mejorando la vida de muchas personas, eso me hace sentir, orgulloso y feliz.

Las personas me escuchan atentamente porque saben que aporto valor a sus vidas, las ventas se me dan fácilmente, porque soy el mejor, soy un... Un Rockstar de ventas"

Día 17: El Experto

Para destacar y elevarnos por encima de la mediocridad, es fundamental adoptar una actitud especializada y presentarnos como verdaderos expertos en nuestro campo, en lugar de simplemente solicitar una reunión de ventas, podemos ofrecer un diagnóstico.

Reflexión: ¿Tienes un dominio tan profundo de tu solución que las personas estarían dispuestas a pagarte solo por escuchar tus consejos sobre ella?

Alcanzar el estatus de experto te proporcionará una ventaja competitiva extraordinaria. Sin embargo, lamentablemente, en relación con la competencia, he observado que muchos individuos que se autodenominan vendedores profesionales saltan de trabajo en trabajo, cada vez con un producto o solución completamente diferente, sin lograr especializarse en ningún campo. Considera los siguientes ejemplos:

• Un vendedor de bienes raíces frente a un experto en inversiones de propiedades en Miami o destinos turísticos.

• Un vendedor de automóviles en comparación a un especialista en flotas corporativas.

• Un vendedor de medicamentos frente a un especialista en tratamientos cardíacos.

Notarás que suena completamente diferente, ¿verdad? Te aseguro que los ingresos de un vendedor común en comparación con un experto son incomparables. Siempre, y enfatizo, siempre, la especialización se recompensa de manera más generosa.

Aquí tienes algunas claves para pasar de ser un simple vendedor a convertirte en un experto o asesor:

• Enfócate en un nicho de mercado que investigues previamente y que sea rentable, invierte en tu formación y prepárate para conocer las respuestas a todas las posibles preguntas de tus prospectos.

• Aprovecha tus redes sociales para compartir contenido educativo e informativo relacionado con tu nicho. Recuerda la regla de marketing: por cada cuatro publicaciones en redes sociales, tres deben ser informativas o educativas, y solo una puede ser una promoción directa de tu producto o servicio.

• Mantén un blog en línea en el que publiques contenido relacionado con tu sector. Comparte artículos, videos e información valiosa, como comparativas entre productos X e Y, los cinco puntos clave a considerar antes de comprar X producto o cómo resolver un determinado problema.

• Diseña un diagnóstico de soluciones basado en tu producto o servicio. En lugar de solicitar una cita para presentar tu oferta, ofrece un diagnóstico gratuito para ayudar a tu prospecto a tomar una decisión informada. Te garantizo que tu futuro cliente lo valorará enormemente.

Como puedes ver, esta estrategia puede marcar una gran diferencia en tus resultados. Recuerda que la consulta de un médico general y la de un especialista pueden tener diferencias sustanciales en cuanto a tarifas. Implementa estas acciones hoy mismo y comienza a convertirte en un verdadero experto en tu campo.

Mis acciones a implementar el día de hoy son:

_____

_____

_____

_____

_____

_____

_____

Día 18: El Contador de Historias

Imagina que alguien me dice: "Joel, solo cuento con 10 minutos para que me hables de lo que promocionas". En ese instante, sacaría mi mejor arma: te contaré una historia con todos los detalles sobre alguien que, gracias a mi producto, resolvió un problema.

Me he convertido en un experto en contar historias. He descubierto que esta herramienta es mi mejor aliado al hacer una presentación. No es en vano que Jesús, mientras evangelizaba a los judíos con las buenas nuevas, llenaba sus discursos de parábolas e historias. Sus oyentes quedaban fascinados, literalmente hipnotizados, y así Jesús lograba su cometido.

Permíteme ilustrarte con un ejemplo relacionado con un nutracéutico que promociono. Hace siete años conocí a Susi. Ella tenía un diagnóstico de lupus y cáncer cervicouterino. Su condición era desgarradora. Cuando la vi por primera vez, su rostro reflejaba dolor y sufrimiento. Venía acompañada de su hija menor. Vivía en Querétaro. Cuando me miró, noté su deseo ferviente de mejorar y me miró con fe en sus ojos. Ese gesto tocó mi corazón.

Comencé a explicarle en detalle el tratamiento que promovía. A medida que hablaba, vi una chispa de esperanza en sus ojos. Finalmente, decidió probarlo. Durante un par de meses, no tuve noticias de ella, pero me enteré de que se sentía mucho mejor.

Para mi asombro, la volví a ver cuatro meses después. En sus manos sostenía un certificado del hospital público donde se sometía a revisiones periódicas. La nota que acompañaba el certificado me dejó atónito: "Lupus inactivo, revisión de rutina en seis meses". Han pasado más de siete años, y Susi goza de una salud perfecta. Si no hubiera visto el certificado médico con mis propios ojos, difícilmente lo habría creído. De hecho, todavía conservo una copia. Fantástico, ¿verdad?

Esta historia la he compartido innumerables veces y ha sido una de mis mejores herramientas para cerrar una venta. Tengo una colección considerable de historias similares.

Ahora, compartiré contigo algunos puntos clave que deben incluirse en las historias que contarás:

• **Veracidad:** Nada decepciona más que escuchar una historia falsa. Por lo tanto, busca historias reales que el prospecto pueda verificar si lo desea. Sé transparente y proporciona detalles para que puedan contactar al protagonista si así lo desean.

• **Sin exageraciones:** Evita exagerar los beneficios de tu producto o servicio en el calor del momento. La exageración solo lleva a desilusiones futuras. Enfócate en las características genuinas y beneficios reales.

• **Concreción:** Mantén tus historias breves y enfocadas en cómo el cliente resolvió su problema gracias a tu producto o servicio. Adapta la historia al perfil de tu prospecto para que se identifiquen con ella.

• **Detalles relevantes:** Destaca los aspectos más importantes de la historia que respalden tu oferta. No te desvíes en detalles innecesarios.

• **Variedad:** Asegúrate de tener un repertorio diverso de historias para utilizar en diferentes situaciones. Ser versátil como una rocola con una amplia selección de canciones.

• **Emoción:** Aprende a contar tus historias con

emoción, no de forma monótona. Recuerda que las personas toman decisiones basadas en sus emociones. Inyecta entusiasmo para que tu prospecto se sienta motivado a decir: **"Quiero tu producto".**

Te animo a escribir una historia poderosa siguiendo estas recomendaciones, una que puedas agregar a tus presentaciones. Las historias ayudan a que tus prospectos se imaginen resolviendo sus problemas y disfrutando de una vida mejor. ¡Adelante, Rockstar de las ventas!

Frase de Reflexión:

"Las historias ayudan a crear una visión en tu prospecto, en donde él se vea solucionando su problema, por lo tanto, teniendo una vida mejor y siendo feliz. "

Acciones a implementar el día de hoy:

Rockstar de Ventas

Día 19: Estrategias de Prospección

La prospección es una técnica de marketing destinada para dar a conocer, promover y atraer a las personas adecuadas (prospectos) para convertirlas en clientes y, posteriormente, en consumidores recurrentes. Lo ideal es abordar esta tarea de forma metódica, sistemática y cíclica. Normalmente, esta responsabilidad recae en un departamento especializado dentro de las empresas. Sin embargo, en mi opinión personal, considero que un auténtico Rockstar de las ventas debe crear sus propias estrategias de promoción y atracción. Esta actitud lo colocará por delante de otros ejecutivos de ventas, ya que una de las principales justificaciones que dan los vendedores es que se han quedado sin prospectos, o que su zona de ventas está saturada. Estos pretextos nunca deben salir de la boca de un Rockstar de las ventas.

Esta actividad es una de las más valiosas en un vendedor y se asemeja a la labor de los buscadores de pepitas de oro en los ríos del viejo oeste de los Estados Unidos. Curiosamente, los buscadores de oro "más afortunados" eran aquellos que mantenían una constancia en su trabajo. Por lo tanto, la perseverancia es una característica fundamental que debe sobresalir en tu carácter.

La prospección en un vendedor implica todos los esfuerzos realizados por iniciativa propia para generar oportunidades de presentación. Aquí te compartiré algunas recomendaciones para que puedas crear tu propio programa de prospección:

- **Clarifica tu solución y tu público objetivo:** Antes de comenzar a prospectar, debes tener una comprensión clara de lo que ofreces y a quién se dirige. Esto te permitirá ser más certero al momento de identificar a tus prospectos y comunicar tu oferta.

- **Tocar puertas:** Este es un método tradicional que requiere un alto nivel de resiliencia, inteligencia emocional y tolerancia al rechazo, ya que el porcentaje de éxito es bajo. Sin embargo, es muy fructífero para aquellos que son constantes. Siempre lleva tarjetas de presentación con tu foto y un enlace o código QR que dirija a un estudio, un informe o un video valioso para el prospecto.

- **Habla de tu solución:** Propicia conversaciones sobre tu solución en tu vida cotidiana para tener la oportunidad de entregar tu tarjeta o recopilar números de teléfono con el pretexto de enviar información valiosa.

- **Redes sociales:** Este método es cada vez más común y efectivo si se maneja adecuadamente. El mensaje en redes sociales debe ser directo y basado en la construcción de confianza. Ten mucho cuidado con lo que compartes en tus perfiles para proyectar profesionalismo y la capacidad de ofrecer una solución real.

- **Llamadas:** Este método es efectivo si se ejecuta correctamente. Puedes realizar llamadas a conocidos, referidos o desconocidos. Si no estás seguro de que cumplen con el perfil adecuado, puedes hacer una llamada introductoria para descubrir si necesitan tu solución. Si ya sabes que tienen un problema que tu producto puede resolver, puedes abordarlo directamente. Un guion efectivo, es decir: "Tengo algo que podría ayudarte a resolver tu problema, lo ha hecho por otras personas en tu misma situación".

- **Reuniones de Networking:** Participa en convenciones, exposiciones y eventos de empresarios donde sepas que puedes encontrar a tus futuros clientes. Socializa y comparte información sobre tu solución en un ambiente relajado.

• **Referidos:** Esta es una estrategia efectiva, pero requiere que ofrezcas un excelente servicio al cliente y que hayas generado confianza en tus clientes actuales. Pide a tus clientes satisfechos que te recomienden a otras personas.

• **Estar en los lugares adecuados:** Identifica los lugares que frecuentan tus prospectos y sé proactivo al interactuar con ellos. La clave es convertir a esas personas en amigos y luego hacer negocios entre amigos.

La sangre para un vendedor, son los prospectos, esta es una de las habilidades más importantes que un Rockstar debe dominar.

Ahora es el momento de crear tu propio programa de prospección personal. ¡Adelante, Rockstar!

Acciones a implementar el día de hoy:

_____

_____

_____

_____

_____

_____

_____

Rockstar de Ventas

Día 20: La estrategia del diagnóstico

Aunque ya hemos abordado este tema al sugerirte que te presentes como un experto en la materia, ahora profundizaremos en una estrategia poderosa que puede marcar una diferencia significativa entre tú y tus competidores: la técnica del diagnóstico. Normalmente, un vendedor llega y hace una presentación de su producto o servicio, creyendo que puede ayudar en algún aspecto de la vida o negocio del cliente. Sin embargo, como decimos en México, está presentando "al tanteo" porque no ha realizado un estudio en profundidad y está adivinando cuál podría ser el problema del cliente.

En cambio, si previamente envías una carta ofreciendo un estudio, diagnóstico, evaluación o consulta gratuita, te sitúas en una posición más ventajosa, la de un consultor genuinamente preocupado por el bienestar del cliente. Además, hay aspectos psicológicos que jugarán a tu favor. Cuando alguien ofrece algo de forma gratuita o hace un favor a otra persona, esta se siente comprometida a corresponder (por ejemplo, comprándote a ti en lugar de a tu competencia o recomendándote a sus amigos). Además, al dedicar más tiempo al cliente que el vendedor promedio, tienes más oportunidades de conectar con él e incluso hacerlo tu amigo. Recuerda que los mejores negocios se hacen entre amigos.

Como notarás, esta estrategia tiene muchas ventajas. A continuación, te proporciono algunas ideas o ejemplos de una evaluación:

• **Cuestionario personalizado:** Realiza un cuestionario al cliente sobre el tema específico que incluya las preguntas más importantes, como ¿Cuánto tiempo ha pasado desde que cambió por última vez el producto X? ¿Cómo calificaría su nivel de satisfacción con la marca actual que utiliza? ¿Ha buscado otras opciones? ¿Cómo se sentiría satisfecho? ¿Para qué desea utilizar el producto?

- **Inspección:** Realiza una inspección en el lugar donde se utilizará el producto o servicio. Basándote en el diagnóstico, entrega una propuesta por escrito que incluya recomendaciones específicas, indicando cuál sería la mejor solución.

- **Investigación de mercado y tendencias**: Ofrece un estudio previo de las modas o cambios que están por surgir en el mercado. Esto permitirá que el prospecto esté un paso adelante de su competencia o, al menos, al tanto de las novedades. Esta opción es muy funcional, ya que ayudarás a tu prospecto a ver perspectivas que probablemente ya había considerado o ni siquiera había contemplado, ampliando así su visión de su mercado y su futuro.

Como observarás, querido Rockstar, esta estrategia te sitúa un paso por delante de tus competidores. Dejas de ser simplemente un vendedor y te presentas como un experto consultor y asesor. Tu tarea adicional será dominar realmente el tema. Te aseguro que, si haces bien tu trabajo, habrá clientes dispuestos a pagarte solo para escuchar tu opinión (eso me sucede a mí).

Recuerda:

"No basta con ser bueno; debes esforzarte y trabajar para ser el mejor, un auténtico Rockstar de las ventas. La recompensa valdrá la pena y se reflejará en tus resultados"

Mis acciones a implementar el día de hoy son:

_____

_____

_____

_____

_____

_____

_____

Día 21: Creando Interés en tu Prospecto

Este paso es fundamental para concretar una venta. Personalmente, me gusta utilizar la metáfora de "construir un puente de interés". Un puente siempre une, y en este caso, conecta al prospecto con la solución que tanto busca. Sin embargo, hasta ahora nadie se lo había presentado de manera que captara su atención.

La definición de interés es "la atracción o inclinación que alguien muestra hacia algún asunto o cuestión". Por lo tanto, despertar el interés en el prospecto es como otorgarle al vendedor un pasaporte que le permitirá realizar la presentación.

Despertar el interés es como un precalentamiento para el prospecto y, lo que es más importante, genera la expectativa de una posible solución a algún problema que la persona espera resolver.

Si no cumples con este requisito previo, la presentación estará plagada de interrupciones, objeciones y distracciones, porque no lograste cautivarlo desde el principio.

¿Cómo crear un puente de interés?

La herramienta más poderosa son las preguntas dirigidas, todas enfocadas en recordarle su dolor, en hacer que recuerde cómo ha sido su vida sin tu solución y, en la segunda parte, preguntas que le ayuden a visualizar un futuro maravilloso gracias a tu producto o servicio.

Aquí tienes algunos ejemplos:

Preguntas que conectan con el dolor:

- ¿Está teniendo la suficiente rentabilidad?

- ¿Has estado lidiando con esta enfermedad durante mucho tiempo?

- ¿Has sufrido pérdidas de inventario debido al robo hormiga?

- ¿Sientes miedo de que roben tu auto?

Preguntas que generan bienestar y placer:

- ¿Te gustaría duplicar tus ingresos sin hacer un gran esfuerzo extra?

- ¿Te gustaría ahorrar dinero en gasolina?

- ¿Deseas tener más energía?

- ¿Te gustarías viajar más seguido?

- Imagina poder solucionar tu problema de salud de manera segura y a un costo más bajo.

- ¿Te gustaría dormir tranquilo sabiendo que tu propiedad está bien protegida y es monitoreada las 24 horas del día por personal altamente calificado?

Como puedes ver, es muy sencillo crear un puente de interés. Esta debe ser una de las primeras cosas que hagas en una presentación, ya que lograrás que el prospecto esté expectante y te pida saber más. Esto lo lograras haciendo una poderosa pregunta.

Recuerda siempre:

"Las ventas son un arte que consiste en seducir y enamorar al prospecto"

Mis acciones a implementar el día de hoy son:

_____

_____

_____

_____

_____

_____

_____

En el mundo de sueños y metas cruzando,
Los vendedores avanzan, sin cesar luchando.
Con sonrisas valientes, de frente al desafío,
Forjan conexiones, con gran albedrío.

Son embajadores de productos y servicios,
Navegando mares de deseos y vicios.
Con persuasión y palabras que inspiran,
Cautivan corazones, mientras sus sueños miran.

Cada venta es una victoria, una melodía,
Donde el esfuerzo y la pasión se unen en armonía.
Afrontando rechazos con valentía,
Siguen adelante con determinación y alegría.

Vendedores, héroes de la negociación,
Tejedores de lazos en cada conversación.
Con paciencia y empeño, en su arte son maestros,
Exaltamos sus logros, su espíritu sincero y diestro.

En el mercado, son estrellas que brillan con luz
propia,
Guiándonos a todos hacia la cumbre victoriosa.
A los vendedores, nuestro respeto y honor,
Porque en el mundo de los sueños, son el motor.

Reflexión:

¿Qué tan orgulloso y emocionado estás de tu producto o servicio? ¿Lo consumes o lo consumirías tú mismo? ¿Lo recomendarías, incluso si no te pagaran por hacerlo?

Rockstar de Ventas

Día 22: Creando Conexión

Conectar con tu prospecto es una de las tareas más cruciales que debes aprender y dominar. Si no logras establecer esa conexión desde el principio, has perdido la mitad de la batalla. Es como jugar fútbol en un campo inclinado en tu contra.

Los elementos fundamentales para lograr una conexión efectiva son generar confianza, simpatía, empatía y profesionalismo. Cada uno de estos aspectos es esencial, y la falta de cualquiera de ellos puede hacer que la presentación sea áspera y poco fluida, con interrupciones constantes por parte del prospecto. La confianza es la puerta de entrada más grande, así que debes crear deliberadamente todos los elementos necesarios para establecerla.

Recuerda que muchos clientes han experimentado decepciones con vendedores poco profesionales, promesas incumplidas y fraudes. Sus corazones y billeteras están endurecidos como piedra debido a estas experiencias negativas. Por lo tanto, destacar en la generación de confianza es crucial.

Aquí tienes algunos consejos para establecer una conexión poderosa con tu prospecto:

• **Genera confianza desde el primer momento.** En un mundo donde la desconfianza hacia los vendedores es alta, ser confiable no es suficiente; debes ser altamente confiable. Esto implica ofrecer un producto de calidad, trabajar con una empresa seria y ser un profesional de ventas excepcional. Tu reputación debe precederte.

• **Utiliza tu historia personal.** Tu historia y tu relación con el producto o servicio pueden ser poderosas herramientas de conexión. Si has usado el producto o si tu camino hacia la distribución está lleno de pasión y amor por lo que haces, comunícalo en una historia breve pero impactante.

• **Testimonios de éxito.** Los testimonios reales de clientes satisfechos son una forma efectiva de construir confianza. Asegúrate de tener una variedad de testimonios, preferiblemente no corporativos, que muestren resultados reales y tangibles. Mostrar testimonios de personas similares a tu prospecto puede ser especialmente convincente.

• **Encuentra intereses comunes.** Identifica intereses, pasatiempos, lugares visitados, libros o amigos en común que puedas compartir con tu prospecto. Estos puntos de conexión pueden ser excelentes para romper el hielo y establecer un vínculo rápido.

• **Simpatía y empatía.** Muestra interés genuino por la persona y su bienestar. La simpatía y la empatía son cualidades que se perciben de manera inconsciente y pueden hacer que tu prospecto se sienta a gusto contigo.

• **Profesionalismo.** Ser un verdadero profesional es un atributo valioso y escaso en estos días. Tu preparación, atención y apariencia son clave. Observa y aprende de vendedores exitosos y modela sus aspectos positivos.

• **Ofrece garantía.** Desde el principio, presenta una garantía tangible para tu prospecto. Esto te distingue de otros vendedores y aborda las preocupaciones sobre promesas vacías. Asegúrate de que sea atractiva y cumplible.

Enhorabuena, amigo. Recuerda que establecer una conexión adecuada con tu prospecto te acercará significativamente a escuchar esas palabras tan deseadas: "Sí, lo quiero". ¡Manos a la obra!

Mis acciones a implementar hoy son:

_____

_____

_____

_____

_____

_____

_____

Día 23: Presentación con Poder

Llegó el momento de subir al escenario y demostrar de lo que estás hecho: eres un auténtico Rockstar de las ventas, un profesional consumado, una verdadera estrella. Tu tarea es impresionar y persuadir a tu prospecto de una manera impactante y poderosa, mostrándole que tienes la mejor solución para su problema. Este es el momento de tu mejor actuación, la "presentación con poder".

En primer lugar, permíteme felicitarte, pues estás a punto de dar este paso crucial. Esto representa el 50% del éxito, ya que si conseguiste agendar esta cita, significa que el prospecto tiene un alto interés. Algunos vendedores afirman que solo obtienen resultados positivos en 1 de cada 10, 2 de cada 10 o incluso 3 de cada 10 presentaciones. Pero permíteme decirte que no necesitas conformarte con esas cifras. Si estás frente a un prospecto que reúne las características ideales y ya tiene claridad sobre tu solución, tu tasa de éxito puede ser de 5 de cada 10 presentaciones, o incluso mejor, si aplicas las estrategias que estoy a punto de compartir contigo.

Recuerda algo fundamental: la venta es un acto de compartir. En este momento, estás a punto de ofrecer algo de gran valor a tu prospecto. Esto es un gesto de amor de tu parte hacia él.

Ahora, permíteme brindarte algunas recomendaciones para garantizar que tengas un desempeño excepcional en esta presentación.

• **Tu Vestuario:** La elección de tu atuendo es esencial para esta actuación. En el pasado, he visto vendedores con camisas arrugadas, desaliñados, sudorosos y con aliento desagradable. Recuerda siempre que la primera impresión es fundamental. Asegúrate de vestirte adecuadamente para la ocasión y, lo que es igual de importante, de mantener una higiene personal impecable.

• **Checklist:** Antes de entrar en escena, verifica cuidadosamente que tengas contigo todos los elementos necesarios para la cita. Esto incluye tus herramientas, tarjetas de presentación, catálogos, equipo de cómputo o cualquier estudio o diagnóstico que hayas realizado. Esto te evitará contratiempos durante la presentación y no tendrás que buscar apresuradamente lo que necesitas en medio de la conversación.

• **Ritual de Empoderamiento:** Antes de estar frente al prospecto, es fundamental que estés lleno de energía física y emocional. Deja todos tus problemas en la puerta y entra en la reunión con una energía contagiosa, como una locomotora imparable. Considera crear un ritual de empoderamiento personal que te motive. Esto podría ser escuchar una canción inspiradora, realizar un decreto, una oración o un gesto que te haga sentir poderoso. En mi caso me hablo y me digo: "Joel, tienes una bendición para esta persona. Entrégate con pasión en este momento para que el prospecto tome la mejor decisión".

• **Actitud de Campeón:** Como hemos mencionado anteriormente, los vendedores con la mejor actitud son los que obtienen los mejores resultados. Por lo tanto, es crucial que te acerques a la cita con una actitud positiva. Nunca olvides ofrecer una sonrisa y un firme apretón de manos. Tu actitud es la lente a través de la cual percibes el mundo y determina cómo decides actuar en consecuencia. Enfócate en lo positivo.

• **Indagación de Necesidades:** Evita redundar en la presentación. Puedes comenzar con una pregunta abierta después de los saludos y presentaciones iniciales, como: "Señor X, estoy comprometido en ayudarle. Por favor, compártame sus preocupaciones en relación a...". Esto te permitirá identificar claramente las necesidades de tu prospecto antes de continuar.

• **Presentación Breve y Efectiva:** Una vez que hayas escuchado al prospecto, ve directamente al grano. Esto significa que en ocasiones podrías omitir ciertas partes de tu presentación. Recuerda que vivimos en una época en la que la gente tiene poco tiempo. La cortesía es ser conciso y directo. Para lograrlo, debes tener claro cuál es el problema del cliente y cómo tu solución puede resolverlo satisfactoriamente.

• **Seguridad en Tu Solución:** A través de una declaración poderosa, comunica que tú tienes la solución que el prospecto necesita. Por ejemplo: "Señor X, según lo que me ha compartido, su problema es... y estaría satisfecho con una solución como... Yo tengo la respuesta a su problema, y estoy seguro de que le encantará".

• **Estructura, pero Flexibilidad:** Aunque es importante tener un plan estructurado para la presentación, también debes ser flexible. Algunos vendedores son demasiado rígidos y siguen un guion sin desviarse. Sin embargo, es esencial adaptarte a la situación y a las necesidades específicas del cliente. Esto también aplica a las ventas por teléfono.

• **Interacción:** Durante la presentación, interactúa con tu prospecto. Realiza preguntas, escúchalo atentamente y adapta tus argumentos a sus preguntas y preocupaciones. Este enfoque dinámico y conversacional es más efectivo que un discurso unidireccional.

Querido Rockstar, estas recomendaciones son simples,

pero si las sigues, tu presentación será un éxito rotundo. Ahora te invito a desarrollar tu propio ciclo de presentación, un plan personalizado que te ayude a guiar tu actuación de manera efectiva.

Paso A:

_____

_____

_____

_____

Paso B:

_____

_____

_____

_____

Paso C:

_____

_____

_____

_____

Paso D:

_____

_____

_____

_____

Paso E:

_____

_____

_____

_____

Paso F:

_____

_____

_____

_____

¡Felicidades! Todo lo que hemos trabajado hasta ahora te ha preparado para este momento. Estás a punto de estar frente a tu prospecto, realizando una presentación poderosa. Recuerda que cada paso te acerca más a obtener un "sí". Sigue adelante.

Mis acciones a implementar hoy son:

_____

_____

_____

_____

_____

_____

_____

Día 24: Características, ventajas y beneficios del producto o servicio

Este tema es crucial y, cuando se domina adecuadamente, puede marcar la diferencia en el aumento de las ventas. Desafortunadamente, muchas personas que promocionan un producto o servicio desconocen estos conceptos, lo que les impide aprovechar su potencial al máximo. Por lo tanto, trabajaremos en clarificar cada uno de estos términos y cuándo debemos utilizarlos en el ciclo de ventas:

Características: ¿Qué es? Esta categoría describe los hechos y datos concretos sobre el producto, como medidas, tamaño, color, composición, entre otros aspectos. La pregunta clave aquí es "¿Qué es?"

Ventajas: Esta sección se refiere a cómo nuestro producto o servicio se destaca frente a la competencia. También aborda cómo puede mejorar la vida del cliente y qué servicio adicional puede ofrecer. La pregunta clave es "¿Para qué sirve?"

Beneficios: Los beneficios indican cómo el producto o servicio resolverá problemas y satisfará las necesidades del cliente. Se centra en cómo hará que la vida del cliente sea mejor y más feliz. La pregunta clave es "¿Para qué me sirve como cliente?"

Cuando nos enfocamos en las características o ventajas, corremos el riesgo de que el prospecto haga una comparación directa con un producto competidor. Muchos de ellos son expertos en el tema, por lo que te sugiero que solo resaltes estas características y ventajas cuando tengas una ventaja significativa sobre la competencia. El objetivo es que no se conviertan en el centro de la presentación.

Por ejemplo:

"Nuestro modelo tiene un rendimiento un 50% superior al de la competencia debido a su nuevo sistema de inyección electrónica basado en nanotecnología."

Por supuesto, es necesario mencionar algunas características y ventajas durante la presentación, como información técnica y detalles de uso, pero el punto es que no sean el foco principal.

A continuación, te presento ejemplos de un automóvil y una casa:

Características:

Automóvil: Color rojo, modelo 2020, 450 caballos de fuerza y un rendimiento de 15 kilómetros por litro.

Casa: 150 m2 de construcción, dos habitaciones y un baño.

Ventajas:

Automóvil: Este automóvil tiene el motor más potente en su segmento, lo que le permite acelerar y adelantar fácilmente a cualquier otro vehículo.

Casa: Debido a su ubicación en un excelente barrio, su valor se incrementa constantemente, además, la zona es muy segura.

Beneficios:

Automóvil: Con este automóvil, podrás adelantar con facilidad en subidas y disfrutar de un manejo cómodo y seguro, perfecto para viajes largos sin cansarte.

Casa: Vivirás cómoda y tranquilamente. Con dos habitaciones, estarás listo para la llegada de tu primer bebé y podrás decorarla a tu gusto. Además, está cerca de tu trabajo, lo que te permitirá llegar en tan solo unos minutos caminando.

Ahora te invito a que hagas una lista de características, ventajas y beneficios de tu producto o servicio:

Características:

_____

_____

_____

_____

Ventajas:

_____

_____

_____

_____

Beneficios:

_____

_____

_____

_____

Recuerda que cada uno de estos elementos es importante. La clave está en identificar cuándo debes utilizar cada uno de ellos. Ten en cuenta que, como seres emocionales, tomamos decisiones basadas en los beneficios y en cómo nos hará sentir la solución que nos están ofreciendo.

Reflexión:

"Lo que más le interesa a un prospecto es resolver su problema y cuán feliz se sentirá al encontrar la solución".

Mis acciones a implementar el día de hoy son:

_____

_____

_____

_____

_____

_____

_____

Día 25: Bailando con las objeciones

Esta sección me encanta; es muy divertida, claro, si sabes cómo gestionarla adecuadamente. Los prospectos suelen ser muy predecibles. Cuando aprendas a gestionar las objeciones, se convertirán en un juego. Recuerda la escena de la película "Matrix", en la que el protagonista Neo activa su poder interior para superar la matrix. El agente Smith lo ataca, pero Neo logra defenderse y superarlo de manera magistral, como si lo hiciera en cámara lenta. De la misma manera, al aprender a resolver las principales objeciones de tus prospectos, obtendrás el poder de dirigir y controlar la situación. Nunca más serás un títere en manos de un prospecto. Cuando empiecen a objetarte, simplemente sonríe, porque sabes que tienes el control.

Nota: A menudo, cuando los vendedores escuchan objeciones por primera vez, se sienten abrumados y creen que el juego ha terminado. A partir de ahora, sabrás que el juego apenas comienza, y ambos pueden ser ganadores.

¿Pero qué es una objeción?

La objeción tiene dos definiciones, dependiendo del vendedor. Para un novato o alguien no preparado, puede ser un verdadero dolor de cabeza. Para un rockstar de las ventas, es simplemente un pequeño obstáculo que deben superar para obtener ese anhelado "sí".

Psicología de la objeción: Básicamente, todo cambio genera resistencia y miedo. La clave está en conectar anticipadamente y hacer que el prospecto se sienta seguro y feliz contigo.

Siempre les digo a mis clientes: "Soy flexible y mi objetivo es que ambos ganemos. Puedes confiar en mí; quiero ayudarte".

Debes proyectar calidez y ayudar al prospecto a sentir tanto placer en adquirir tu producto o servicio que cualquier posible dolor o miedo, sea insignificante en comparación con la alegría y la felicidad que experimentará al disfrutar de tu oferta.

Las personas somos similares en muchos aspectos que nos hacen reaccionar de manera similar ante estímulos externos. Coincidimos en patrones mentales similares y tenemos miedo a perder, deseamos alejarnos del dolor, acercarnos al placer y buscamos seguridad, conexión, amor, variedad, trascendencia y crecimiento en nuestras vidas.

Este conocimiento nos permite prepararnos y anticiparnos a los principales obstáculos que pueden surgir entre nosotros y el prospecto. Por lo tanto, compartiré mis estrategias que me han permitido "bailar" con los miedos de los prospectos para finalmente obtener el tan anhelado "sí".

La estrategia más importante es anticiparse al prospecto. Si conocemos de antemano cuáles son las principales objeciones de nuestros prospectos, la mejor manera de "desarmarlas" es anticipándonos. Por ejemplo:

La clásica objeción - **"Es muy caro su producto"**: Puedes anticiparte comentando en tu presentación que cuando escuchaste por primera vez el precio del producto, pensaste que era caro, pero después descubriste que los beneficios superaban con creces el costo. Así que, desde el principio, puedes decir que tu producto no es económico, pero que vale la pena. Pregunta si realmente le interesa, porque si es así, puedes mostrarle por qué esta será una de sus mejores compras en mucho tiempo.

"No tengo dinero": Esta es una de las objeciones más comunes. A menudo es una resistencia al cambio. Si el prospecto ha dedicado tiempo a escucharte, es porque tiene cierto nivel de interés. Puedes preguntar si realmente le interesa y ofrecer opciones de pago o planes especiales. También puedes compartir historias de personas que tenían la misma objeción y encontraron una solución.

"No creo que sea tan bueno": Esta objeción a menudo se basa en experiencias previas o prejuicios. Para superarla, muestra datos concretos y pruebas que respalden la calidad de tu producto o servicio.

"Necesito pensarlo" o "Necesito más información": Estas objeciones son evasivas y a menudo se deben al miedo a cometer un error o sentirse presionado. Ofrece al prospecto la libertad de tomar su decisión y pregunta qué necesita verificar para sentirse seguro.

"Me gustaría otro modelo, color, tipo": Siempre ofrece opciones y deja que el prospecto sienta que está tomando la decisión.

"Tengo un amigo que tuvo una mala experiencia": Prepárate para abordar posibles malas experiencias o críticas que el prospecto haya escuchado. Muéstrale cómo tu producto o servicio es diferente y ofrece garantías.

"Otra empresa me ofrece un mejor trato": Destaca las diferencias entre tu oferta y la de la competencia. Enfatiza por qué tu producto o servicio es único.

"Prefiero que X o Y característica o beneficio": Asegúrate de conocer las necesidades del prospecto y ofrécele soluciones personalizadas.

"Gracias, pero ya tengo quien me lo venda": Esta objeción suele surgir cuando no has establecido un contexto previo. Siempre crea un contexto antes de presentarte ante un prospecto.

Recuerda: Una objeción es simplemente una manera de decir "sí, pero tengo esta inquietud". Resuelve la inquietud y ganarás un cliente.

Adelanté Rockstar de las ventas, vamos muy adelantados, estoy seguro que ya has tomado muchas notas e implementado muchos consejos que te he compartido.

Mis acciones a implementar el día de hoy son:

_____

_____

_____

_____

_____

_____

Día 26: Llamada a la Acción

Fantástico, estás a punto de concluir el proceso, pero aquí es donde a muchos vendedores les tiembla la mano. Es hora de buscar el anhelado "Sí" por parte del prospecto. Recuerda que este "Sí, lo deseo" solo es la consecuencia de ciertos pasos premeditados.

La fórmula del éxito puede incluir muchos elementos, pero la improvisación y la casualidad no forman parte de ella. El éxito es predecible, y se compone de elementos específicos.

A estas alturas del juego, si has seguido fielmente las instrucciones, estás hablando con una persona genuinamente interesada. Has prospectado de manera adecuada, te has presentado como un auténtico Rockstar y has creado el contexto adecuado. Ahora, lo que sigue es realizar un cierre efectivo y una llamada a la acción que ayude a tu prospecto a tomar la mejor decisión y finalmente disfrutar de tu producto o servicio.

Recuerda: En tus manos tienes una solución que hará la vida de tu prospecto mejor. Siéntete orgulloso, sabiendo que estás aportando valor a las personas.

A continuación, compartiré algunos ejemplos de llamadas a la acción y cierres:

¿Le interesa? Este es uno de mis favoritos. Si has realizado tu trabajo correctamente, simplemente pregunta si lo que has presentado le interesa. A partir de este punto, solo necesitas aclarar los detalles para que pueda adquirirlo de la mejor manera posible.

¿Qué le impide cerrar el trato? Este cierre se enfoca en ayudar al cliente cuando parece estar indeciso pero interesado.

El objetivo es identificar la objeción real de fondo. Por ejemplo:

- Vendedor: "Señor X, ¿qué le impide cerrar el trato?"

- Prospecto: "Bueno, no tengo suficiente dinero."

- Vendedor: "Señor X, ¿si le ayudo con un programa especial que se ajuste a sus posibilidades, estaría interesado en adquirirlo?"

- Prospecto: "Claro, cuénteme más."

Tener el control. A nadie le gusta sentirse controlado ni manipulado. Por lo tanto, es conveniente ofrecer opciones en términos de precios o modelos. Esto le da al prospecto una sensación de poder y control sobre la decisión. Anticípate y prepárale opciones.

- Vendedor: "¿Cuál prefiere, el X o el Y?"

- Prospecto: "Prefiero el Y."

- Vendedor: "Perfecto, se lo preparo."

La puerta de salida. A nadie le gusta sentirse presionado. Mostrarle al prospecto una puerta de salida quita presión a la presentación, muestra tu disposición para ayudar y demuestra tu interés genuino.

- Vendedor: "Señor X, no se preocupe. Si considera que no tengo la solución a su problema, personalmente le ayudaré a encontrarla o le daré asesoramiento para que la encuentre. Estoy aquí para apoyarlo."

- Prospecto: "Gracias por su profesionalismo. Jamás había conocido a un vendedor de su talla. Cuénteme más sobre su producto."

La técnica del parafraseo. Consiste en recordar al prospecto su problema y la solución que busca, haciendo hincapié en cómo tu producto o servicio satisface esas necesidades.

Vendedor: "Señor X, recordando que mencionó que su problema es tal y cual, y que la solución que desea son características X o Y (las de tu producto), ¿verdad? Muy bien, como mencionamos antes, mi producto cumple con todas esas características y estamos listos para ayudarlo a resolver su problema."

Escalera de valor. Cuando el prospecto está listo para cerrar, puedes ofrecer diferentes opciones, comenzando por la de mayor valor y luego presentando las de menor valor. Incluso puedes ofrecer opciones sin costo para el cliente. La idea es marcar la diferencia y mostrar que te preocupas por sus necesidades.

Finalmente, un verdadero vendedor entiende que su función es guiar al prospecto para que tome la mejor decisión y disfrute de tu producto. Asesora en lugar de manipular, y busca no solo un cliente, sino un amigo. Cuando logres eso, habrás alcanzado la categoría de Rockstar de las ventas. ¡Felicidades por cumplir tu misión!

Recuerda:

Las ventas son el arte de seducir al prospecto para que, por su propia voluntad, diga "Sí, lo quiero."

Mis acciones a implementar el día de hoy son:

_____

_____

_____

_____

_____

Día 27: Garantía como factor diferenciador

Una de las necesidades más fundamentales del ser humano, como ya mencioné anteriormente, es experimentar seguridad en su entorno y en su vida. Esta sensación de seguridad es esencial para que alguien tome medidas y se embarque en algo nuevo. Por otro lado, el miedo, la incertidumbre y la inseguridad son emociones que suelen frenar a las personas, haciendo que eviten tomar decisiones, como la compra de un producto o servicio. Es poco común que alguien se atreva a dar el primer paso si siente que está en terreno inestable. Por lo tanto, este punto puede ser una poderosa razón para que tu prospecto finalmente te diga "sí". De hecho, puedes aprovecharlo como parte de tu estrategia de cierre de ventas. Proporcionar certidumbre a tu prospecto es crucial, y esto se puede lograr a través de la garantía.

En el contexto de ventas, una garantía puede definirse como un mecanismo para asegurar el cumplimiento de una obligación y, de esta manera, proteger a todas las partes involucradas. Esto se lleva a cabo mediante un contrato en el que se establecen condiciones específicas.

El objetivo principal de una garantía es crear un sentimiento de "seguridad" entre las partes que participan en la transacción. Este sentimiento implica confianza y certidumbre de que todo concluirá de manera satisfactoria, algo que todos deseamos al realizar una compra.

Por un lado, tenemos la garantía ofrecida por la empresa, la cual es conveniente estudiar y analizar para descubrir sus fortalezas en comparación con la competencia. Para ilustrar este punto, quiero compartir una experiencia personal. Hace algunos años, estaba buscando una camioneta tipo SUV. Soy una persona meticulosa cuando se trata de inversiones importantes. Por lo tanto, investigué diversas opciones. En general, las compañías automotrices en México ofrecen una garantía de 60,000 kilómetros o tres años en sus vehículos. Sin embargo, me sorprendí al descubrir que una empresa ofrecía una garantía de 7 años o 150,000 kilómetros. Este generoso respaldo me hizo pensar que debían tener un producto de alta calidad para ofrecer una garantía tan extensa. Aunque inicialmente no había considerado esta marca, la amplia garantía se convirtió en un factor decisivo para tomar mi decisión final. Como resultado, adquirí un automóvil de esa empresa, y debo decir que ha sido una de mis mejores compras en esa categoría.

Recuerda que una garantía genera certidumbre en las personas, lo cual puede inclinar la balanza a tu favor y resultar en que el prospecto elija adquirir el producto que considera más confiable.

Por otro lado, como vendedor, te beneficiaría crear tu propia garantía. Sí, como lo lees. Puedes establecer un compromiso personal que detalla lo que harás si el prospecto decide comprar el producto contigo.

Lamentablemente, muchos vendedores, a quienes podríamos llamar "seudo vendedores", venden y luego parecen olvidarse por completo del cliente. Este comportamiento es lamentable, ya que los clientes satisfechos pueden convertirse en una fuente valiosa de recomendaciones y referencias. Todos hemos experimentado la frustración de no recibir un buen servicio o asistencia cuando la necesitamos. Por lo tanto, si ofreces una garantía personal además de la de tu empresa, te colocarás en una posición ventajosa en comparación con la competencia y tus colegas. Recuerda que una clave fundamental es agregar valor. Si tú y otro vendedor están frente al mismo prospecto, te garantizo que preferirá hacer negocios contigo porque ofreces una garantía personal de servicio y acompañamiento. Esta garantía no solo se aplica durante el proceso de compra, sino también durante el tiempo que el cliente utilice el producto que ha adquirido a través de ti.

Permíteme compartir una de mis garantías en una de mis plataformas educativas online, la Academia de Emprendedores Legendarios, la cual proporciona entrenamientos a emprendedores que desean alcanzar sus objetivos. Esta es la garantía que ofrezco a mis alumnos:

Garantía de Satisfacción de la Academia de Emprendedores Legendarios.

Si, por alguna razón, no quedas satisfecho con tu compra, te reembolsaré el 100% de tu inversión, sin hacerte ninguna pregunta. Estoy seguro de que el material que proporciono es altamente efectivo y valioso.

Lo más importante para mí es que te sientas satisfecho y que alcances todos tus objetivos. Por lo tanto, te doy un plazo de 30 días para evaluar los entrenamientos adquiridos.

Mi objetivo principal es que el alumno piense: "¿Qué tengo que perder?" Ahora es el momento de que definas tu garantía como vendedor, en la que indiques lo que el prospecto recibirá de tu parte. No solo durante el proceso de compra, sino también a lo largo del uso del producto que adquiera. Una vez que hayas creado tu garantía, es importante mencionarla durante tu presentación.

Entonces, señor X, además de la garantía de la empresa, quiero destacar lo que nos distingue de la competencia y, especialmente, quiero resaltar mi garantía personal: [aquí puedes proporcionar detalles específicos sobre tu garantía personal].

Convertirte en un verdadero "Rockstar" de las ventas requiere acciones estratégicas, y estoy seguro de que esta estrategia de garantía te ayudará a sobresalir. Ahora es el momento de analizar la garantía de tu empresa y crear tu propia garantía personal.

Mis acciones a implementar el día de hoy son:

_____
_____
_____
_____
_____
_____
_____

Día 28: La Oferta Irresistible

Vendedor: "Señor X, ¿le interesa mi producto?"

Prospecto: "Sí."

Vendedor: "Perfecto, porque le tengo una propuesta irresistible."

Luego de resaltar las ventajas y beneficios de tu producto, es crucial presentar una oferta irresistible como el toque final. Esto ayudará a derribar cualquier resistencia que pueda tener el prospecto. A menudo, los vendedores me dicen: "Joel, no puedo dar más descuentos del precio oficial". Es cierto, no puedes cambiar lo que ya está oficialmente establecido, pero puedes combinar lo que ofrece tu empresa con el valor que tú añades para crear una oferta irresistible. Sé creativo y aquí te proporcionaré algunas ideas para crear una.

Recuerda: Una oferta irresistible no se trata solo de reducir el precio. La creatividad es clave al crearla.

Una oferta irresistible es una oportunidad especial para adquirir tu producto o servicio bajo condiciones excepcionales, con límites de tiempo y disponibilidad. Algunos consejos para crear una oferta irresistible incluyen:

1. Presentación: La forma en que presentas tu producto puede ser tan importante como el precio. Un ejemplo interesante viene de un supermercado en Estados Unidos, donde colocaron uvas a granel por un dólar la libra. Luego, colocaron las mismas uvas en un envase vistoso con la imagen de un granjero sonriente y las vendieron por tres dólares la libra. A pesar del precio más alto, las uvas empaquetadas se vendieron cuatro veces más. Esto demuestra que la presentación adecuada puede ser parte de una oferta irresistible.

2. Paquetes: Ofrecer paquetes que incluyan múltiples productos o servicios puede incentivar a los clientes a comprar más. Ejemplo: si compras el producto A, cuesta tanto, pero si compras A junto con B, obtienes un beneficio adicional. Las grandes cadenas como McDonald's son expertas en esta estrategia, ofreciendo combos que aumentan el tamaño de la compra.

3. Tiempo: Establecer una fecha límite para la oferta es crucial. Cumplir con la fecha límite es esencial para mantener la credibilidad. Si amplías la oferta después de la fecha límite, perderás confianza.

4. Disponibilidad Limitada: Utilizar la ley de la escasez puede ser un poderoso motivador. Si dices que el inventario es limitado a una cierta cantidad, los clientes pueden sentir la urgencia de actuar antes de que se agote.

5. Factor Diferencial: Destacar un factor diferenciador entre tu producto y la competencia puede ser un argumento persuasivo. Por ejemplo, si utilizas materiales de alta calidad o tecnología avanzada, asegúrate de resaltarlo.

6. Bonos: Ofrecer bonos o cupones de descuento adicionales puede motivar a los clientes a comprar. Esto también puede generar ventas adicionales y ganancias. Considera hacer convenios con otros negocios para ofrecer cupones de descuento.

7. Garantía: Una garantía sólida puede eliminar el miedo que los prospectos puedan tener. Asegúrate de destacar tu garantía como parte de la oferta irresistible.

8. Opciones de Pago: Ofrecer diferentes opciones al

pagar, como efectivo, pagos a plazos o meses sin intereses, puede ser una ventaja competitiva.

9. Descuentos Especiales: Para compras importantes, considera ofrecer descuentos especiales. Los descuentos pueden ser atractivos para los clientes que desean ahorrar dinero.

10. Mejora del Producto: En lugar de reducir el precio, considera mejorar el producto o servicio. Agregar elementos de valor puede justificar un precio más alto y reubicar el producto en un segmento de mercado diferente.

Nota: La oferta irresistible es una herramienta psicológica poderosa. Prepárala adecuadamente, utiliza frases como "te tengo una oferta irresistible" y agrega emoción a tu presentación para obtener resultados espectaculares.

Reflexión:

La creatividad es clave al crear una oferta irresistible. ¡Anímate, puedes lograrlo!

Mis acciones a implementar el día de hoy son:

_____

_____

_____

_____

_____

_____

_____

Día 29: Marcador Semanal de Trabajo

Uno de los mayores retos que enfrenta un vendedor promedio es la falta de disciplina. Te lo digo por experiencia, vaya que me ha costado desarrollarla, pero vale la pena, ya que tus resultados se magnifican notablemente.

La disciplina es simplemente hacer lo que te propusiste realizar en un tiempo establecido. Se refiere a ser un discípulo, un alumno; básicamente, es una manera de hacer las cosas de forma ordenada y sistemática.

Una persona disciplinada sería entonces alguien que hace lo que tiene que hacer, en el momento indicado y de la manera adecuada, para obtener el resultado deseado.

Una persona disciplinada, basada en la definición anterior, tarde o temprano alcanzará e incluso superará al más talentoso de sus compañeros. Pero si sumamos talento (habilidades desarrolladas) más disciplina, serás un verdadero Rockstar de las ventas.

Al final del día, las ventas son un juego de números. Por lo tanto, te conviene identificar qué actividades debes realizar todos los días y con qué frecuencia. Entonces, la suma de estos dos elementos te dará el resultado; las matemáticas del éxito no se equivocan.

Recuerda:

Preparación + Acción + Frecuencia + Actitud de Rockstar = Éxito Extraordinario

La "frecuencia" en el contexto de ventas y desarrollo humano es la clave para lograr el éxito sostenible. Se refiere a la consistencia y regularidad con la que realizamos acciones específicas para alcanzar nuestros objetivos. Imagina la

143

frecuencia como el ritmo constante de un latido cardíaco que impulsa la vitalidad en nuestro cuerpo. Del mismo modo, en ventas, mantener una frecuencia constante en actividades como la prospección, seguimiento y servicio al cliente crea una sinergia poderosa que impulsa el crecimiento y la fidelización. La frecuencia no solo nos mantiene en el camino correcto hacia nuestros objetivos, sino que también fortalece nuestra determinación y nos acerca más a convertirnos en verdaderos Rockstar de las ventas.

Es importante recordar que estar haciendo algo (estar ocupado) no implica necesariamente que estés siendo productivo. Por lo tanto, debes aclarar y enfocarte en las actividades que realmente te acercarán a los números que deseas (ventas).

"Aquellas actividades que no son relevantes debes delegarlas"

Además, muchos vendedores estrella han tenido el acierto de contratar un asistente, ya sea a tiempo parcial o completo, con el objetivo de delegar las actividades rutinarias que no requieren necesariamente tu atención, como enviar correos, algunas llamadas, publicaciones en redes sociales, etc. Evalúalo y recuerda que el objetivo es que tengas más tiempo para realizar las actividades prioritarias.

Algunas actividades importantes que generan resultados (y dinero) son:

- Reuniones de Networking

- Llamadas de prospección

- Llamadas de seguimiento

- Mensajes por redes sociales

- Publicaciones en redes sociales

- Seguimientos

- Presentaciones

- Seguimientos para cierres

- Servicio de postventa

Ahora, en un formato de Excel o en un CRM, puedes llevar un registro de la frecuencia con la que realizas estas actividades. No conozco a un vendedor que sea constante y esté enfocado en hacer estas actividades y que no tenga un extraordinario resultado. Por lo tanto, enfócate y manos a la obra.

"Un Rockstar de ventas, siempre está enfocado en su objetivo"

Mis acciones a implementar el día de hoy son:

_____

_____

_____

_____

_____

_____

_____

Día 30: Servicio Postventa

Hace algunos años, compré un automóvil que representó el fruto de muchos años de esfuerzo. Había superado una serie de desafíos económicos, personales, y esa compra simbolizaba un gran logro en mi vida en ese momento. Al principio, intenté financiarlo, pero debido a deudas previas y a mi historial crediticio negativo, el préstamo fue denegado. Sin embargo, después de un mes de esfuerzo, logré reunir el dinero necesario para comprarlo al contado.

Así que, con el efectivo en mano, me dirigí a la agencia de autos, donde José Manuel el vendedor trabajaba. Le dije: "José Manuel, estoy aquí para comprar el automóvil". Inicialmente, me respondió con una negativa: "Joel, no podemos ofrecerte financiamiento". Pero le aclaré: "José Manuel, parece que no me entendiste bien. Estoy aquí para comprar el automóvil al contado". Sus ojos se iluminaron, y me aseguró que haría lo posible por conseguir el modelo plateado que buscaba. Después de algunos días, me entregaron el automóvil, pero lamentablemente, jamás volví a saber de José Manuel. Aparentemente, no era un vendedor profesional, ya que no brindó un buen servicio postventa.

Ahora bien, ¿qué es exactamente el servicio postventa?

Se trata del seguimiento que realiza un departamento especializado o el propio ejecutivo de ventas a un cliente después de que este haya adquirido un producto o servicio. El objetivo es asegurarse de que el cliente esté satisfecho, resolver cualquier inquietud que pueda surgir y, en última instancia, garantizar una experiencia positiva para el consumidor. El servicio postventa es esencial, ya que puede conducir a futuras compras del mismo cliente o recomendarnos a sus amigos y conocidos.

Entonces, ¿por qué es tan importante?

En el servicio al cliente, existe una gran oportunidad para fortalecer la relación con el cliente, resolviendo sus problemas y, en última instancia, fomentando nuevas compras. Estudios demuestran que atraer a nuevos clientes puede ser hasta un 65% más costoso que mantener y fidelizar a los clientes existentes. Además, cuando un cliente satisfecho recomienda tu producto o servicio a alguien, las posibilidades de concretar la venta son muy altas.

Aquí hay algunas recomendaciones para establecer un sólido servicio postventa:

• **Comunicación abierta:** Diseña un proceso claro y sencillo para mantener una comunicación efectiva con tus clientes. Deben poder acceder a ti fácilmente en caso de dudas o problemas.

• **Llamadas de seguimiento:** Realiza llamadas a tus clientes después de que hayan adquirido tu producto o servicio. Pregunta sobre su satisfacción y aprovecha este momento para obtener referencias o recomendaciones.

• **Automatización de mensajes:** Utiliza el correo electrónico o las redes sociales para mantener un contacto regular con tus clientes. Proporciona información valiosa y ocasionalmente ofrece promociones.

• **Fechas importantes:** Lleva un registro de las fechas relevantes para tus clientes, como cumpleaños o aniversarios. Envía felicitaciones o pequeños regalos para fortalecer tu relación.

Recuerda que la labor de un vendedor profesional no

termina con la venta. Un verdadero experto en ventas se preocupa por su cliente y está disponible para brindar apoyo y asistencia durante toda su experiencia con el producto o servicio.

En resumen, muchos clientes optan por cambiar a la competencia porque se sienten abandonados. No dejes que esto ocurra. En el servicio postventa y en el servicio al cliente, hay una verdadera mina de oro esperando ser explorada. No olvides a tus clientes; te recompensarán con compras adicionales y recomendaciones a sus seres queridos.

"Un cliente nos abandona, porque se siente abandonado"

Mis acciones a implementar el día de hoy son:

_____

_____

_____

_____

_____

_____

_____

Rockstar de Ventas

Día 31: El Síndrome del Fanático del Fútbol

Al abrir mis redes sociales, me encuentro con una foto de un amigo luciendo la camiseta de su equipo de fútbol favorito. Más que favorito, es su pasión. Lo curioso de la imagen es que lo acompaña otro conocido con una expresión desconcertada, ya que mi amigo está limpiando su casa llevando la camiseta del equipo rival, que ganó el partido.

Este fenómeno de fanatismo desmedido no se limita al deporte, sino que se encuentra en diversas actividades, incluso en el ámbito empresarial y sus productos. Cuando un equipo de fútbol pierde, sus fanáticos no solo lo perdonan, sino que lo justifican vehementemente. Argumentan que la culpa fue del árbitro, que la estrella del equipo estaba lesionada, o cualquier otra excusa que les brinde consuelo. A esto lo denomino "El Síndrome del Fanático del Fútbol", una condición que lleva a las personas a darlo todo por su equipo.

Algunas marcas, conscientes de este efecto o síndrome, han aprovechado la psicología del comportamiento humano para crear una especie de culto en torno a sus productos o marcas. Un ejemplo evidente es Apple y Harley Davidson. Los motociclistas no ven simplemente una motocicleta de esta marca; la llaman "Harley Davidson", como si fuera un personaje con apellido de abolengo. Incluso le ponen nombres, como si se tratara de una amante.

Estos fanáticos están tan inmersos en su pasión y amor por una marca o producto en particular que están dispuestos a defenderla a capa y espada, como si fueran caballeros medievales protegiendo a su damisela. En una ocasión, comenté a un amigo que ama los iPhones que, en mi experiencia, estos teléfonos no valían su alto precio. Cometí un gran error, pues se molestó enormemente, y estoy seguro de que algunos lectores también lo estarán ahora. La verdad es que me gustan los iPhones, e incluso esta obra está siendo escrita en una Mac. Además, tengo un profundo respeto por Steve Jobs.

Ahora, reflexionemos sobre lo siguiente:

• ¿Cómo sería si tus clientes se convirtieran en fanáticos de tus productos y de ti mismo, llegando al extremo de compararte con Steve Jobs?

• ¿Qué estrategias aplican estas empresas para crear tal nivel de lealtad?

• ¿Cuál es el secreto detrás de estas marcas?

La respuesta es simple: **EMOCIONES.**

Han comprendido que la clave no está en vender productos, sino en desencadenar emociones a través de la experiencia de compra, uso y servicio postventa.

No se trata solo de una motocicleta, sino de una aventura de libertad.

No es una simple computadora con un logo de una manzana, es un movimiento, una tribu liderada por un visionario divergente como Steve Jobs.

No es solo un automóvil eléctrico, es una forma de contribuir a un mundo mejor, como lo hace Elon Musk.

La tarea ahora es descubrir cómo crear una conexión mental y emocional entre tu cliente, tu producto y tú. Algunos ejemplos son:

• McDonald's no vende hamburguesas, ofrece momentos de alegría.

- Coca-Cola es la chispa de la vida. Algunos dicen que puedes faltar tú, pero nunca una Coca-Cola en la mesa.

Algunas ideas para convertir a tus clientes en fanáticos son:

- Más allá de tu empresa y producto, ten una misión y una visión que resuenen con tus clientes, una causa que los haga sentir orgullosos de apoyarte.

- Establece relaciones sólidas con tus clientes, no solo proporcionando un buen servicio, sino también mostrando interés genuino en sus vidas a través de marketing por correo electrónico que ofrezcan valor, también realiza llamadas, mensajes y pequeños detalles.

- Aspira a crear un efecto "¡Wooow!" que supere las expectativas de tus clientes. Si logras que dibujen una sonrisa y expresen asombro, estarás muy por delante de la competencia.

Por ejemplo, recuerdo que cuando se me reventó una llanta en mi Hyundai Tucson, que tenía menos de un mes de adquirirla, me enojé mucho al principio. Pero cuando abrí la cajuela y vi que no tenía una llanta de repuesto convencional, sino una llanta normal con un rin de aluminio, no pude evitar exclamar "¡Wooow!" Más tarde, cuando llevé mi camioneta al servicio, mencioné el incidente y el ejecutivo me respondió: "No se preocupe, Sr. Martínez, se la repondremos sin costo". Mi sorpresa fue aún mayor. Adquirir ese automóvil ha sido una de mis mejores experiencias en ese sentido, y aún lo extraño. Incluso estoy pensando en comprar otro vehículo de la misma marca.

Si buscas de manera proactiva estar presente en la mente y en la vida de tus prospectos y clientes, lograrás que se conviertan en fanáticos no solo de tu producto, sino también de tu marca personal. Si alguna vez decides cambiar de compañía, te seguirán fielmente.

Reflexión:

"La grandeza de una estrella de ventas se mide no solo en la cantidad de clientes que tiene, sino en cuántos de ellos se han convertido en sus fans"

Mis acciones a implementar el día de hoy son:

_____

_____

_____

_____

_____

_____

_____

Día 32: Control de Crisis

El teléfono sonó con urgencia, y mi asistente me informó con nerviosismo: "Licenciado Martínez, el cliente de la última venta está muy enojado. Dice que va a cancelar porque aún no ha recibido su pedido. Necesita que lo llame de inmediato".

En el pasado, cuando me enfrentaba a una situación similar, mi corazón solía acelerarse, y la preocupación comenzaba a nublar mi mente. Me preocupaba buscar soluciones, pero la ansiedad me impedía pensar con claridad, y a menudo visualizaba un futuro oscuro lleno de problemas.

Es importante entender una cosa: preocuparse es ocuparse anticipadamente e inútilmente antes de tiempo, es realizar un viaje mental al futuro viendo un desenlace catastrófico.

Si estás en ventas, te enfrentarás a clientes enojados en innumerables ocasiones, por razones que a menudo no tienen nada que ver con tu producto o servicio. Los seres humanos somos así. Recuerdo a un cliente que comenzó a hacer comentarios negativos sobre nosotros en las redes sociales porque no había recibido su pedido a tiempo. Casualmente, estaba revisando nuestras redes sociales cuando vi sus críticas. Inmediatamente me puse en contacto con él y organicé un equipo para resolver su problema de manera eficiente. Descubrimos que el problema radicaba en que él había proporcionado una dirección incorrecta, aunque nunca admitió su error ni nos agradeció por solucionarlo. Curiosamente, ya no es nuestro cliente, pero esa experiencia me enseñó que a veces las quejas no se relacionan con el servicio o el producto en sí, sino con malentendidos.

El desafío de las ventas radica en interactuar con personas y sus emociones. Por eso, la clave del éxito es: quien domine sus emociones, domina el juego de las ventas y gana.

Aquí te comparto algunos pasos para el control de crisis, ya que seguramente los necesitarás:

1. Respira profundamente: Mantén la calma y el autocontrol... Respirar profundamente antes de abordar una situación de crisis puede ayudarte a mantener la serenidad y a tomar decisiones inteligentes. Personalmente, he encontrado útil repetir un mantra que me enseñaron: "Te entrego este instante santo, sé Tú quien dirige, pues quiero solamente seguirte. Estoy seguro de que tu dirección me dará paz". Este mantra me ha ayudado a mantener la calma y a encontrar soluciones en momentos de crisis.

2. Escucha al cliente: El cliente puede estar enojado, y aunque su enojo no siempre esté justificado, no debes contradecirlo ni confrontarlo. Escucha atentamente sus quejas y demuestra empatía.

3. Declara tu posición: Asegúrale al cliente que estás allí para ayudarlo a solucionar el problema. Tu actitud debe ser la de un líder profesional y comprensivo.

4. Asume tu responsabilidad: Si cometiste un error, reconócelo. No te defiendas ni culpes a otros. Asumir la responsabilidad muestra integridad y ganará el respeto del cliente.

5. Enfócate en soluciones: Concentra tu energía en encontrar una solución al problema. Ofrece alternativas y busca la mejor manera de satisfacer al cliente. La creatividad y la disposición para resolver la situación son clave.

6. Pide retroalimentación: Una vez que hayas resuelto la crisis, pide retroalimentación al cliente sobre cómo podrían haber evitado el problema y cómo pueden mejorar en el futuro. Esta información te ayudará a crecer y a ser más eficiente.

Recuerda: si aprendes a manejar situaciones de crisis, dejarás a más de un cliente satisfecho, y es más probable que vuelvan a ti cuando necesiten tus productos o servicios, incluso que te recomienden a otros.

Atención: Como podrás observar, hay muchas formas de aumentar tus ventas, incluso al resolver los problemas y las preocupaciones de tus clientes.

Mis acciones a implementar el día de hoy son:

_____

_____

_____

_____

_____

_____

_____

Día 33: Marketing en las Ventas

Hoy abordaremos un tema fundamental para tu éxito como vendedor: el marketing en relación a las ventas. Los vendedores más exitosos comparten un denominador común: su habilidad para manejar este aspecto. Pero, ¿consideran muchos que el marketing es un departamento separado de ventas? La respuesta es sí y no. Para aclarar este punto, primero definamos qué es el marketing y qué son las ventas.

¿Qué es el marketing en relación a las ventas?

El marketing se refiere al conjunto de procesos que crean, comunican y entregan ofertas con el objetivo de atraer la atención del prospecto idóneo. Es un proceso previo a la venta.

¿Qué son las ventas?

Las ventas, en cambio, son el conjunto de acciones cuyo objetivo es incentivar a potenciales clientes (prospectos) a realizar una compra específica. Esto se logra mediante una metodología de exposición, negociación y persuasión que satisface necesidades o resuelve problemas.

La tarea del departamento de marketing en una empresa es resaltar las ventajas y beneficios de un producto, enamorar a los clientes. En otras palabras, actúa como el amigo que elogia tus virtudes ante alguien que te interesa. Actualmente, el marketing es una ciencia en constante evolución. Empresas exitosas invierten en grandes campañas de promoción, algunas de las cuales han llegado a reemplazar a los vendedores tradicionales por equipos de atención al cliente. Esto se debe a que, gracias al marketing, los clientes ya están educados y persuadidos.

Es posible que pienses: "Todo eso suena maravilloso, Joel,

pero ¿qué tiene que ver el marketing con mis ventas personales? Mi empresa ya cuenta con un departamento de marketing muy competente". Tienes razón en cuanto al marketing de tu producto, pero como vendedor estrella, debes emprender acciones para generar marketing personal. La clave está en destacar, en crear una presencia que atraiga a las personas y las haga desear hacer negocios contigo.

Recuerda:

Tú eres dueño de la exitosa empresa

[Tu Nombre _____]

Por lo tanto, te conviene crear un programa de marketing personal para sobresalir entre tus compañeros y competidores. ¿Por qué deberían elegirte a ti en lugar de a otros? La clave es destacar, crear un brillo especial que te atraiga. Algunas recomendaciones básicas que puedes implementar son las siguientes:

• Proyéctate como un experto en tu campo, especialízate. Esta acción te hará pasar de ser un vendedor común a un consultor de negocios. Es sorprendente cuántas personas estarán dispuestas a pagar por tu experiencia.

• Aprovecha las redes sociales para proyectar tu especialización. Limpia tus perfiles y comparte información de valor relacionada con tu área. Publica videos y textos de tu autoría o comparte contenido de otros expertos. Esto es esencial para tu marketing personal.

• Crea un blog en línea donde escribas artículos relacionados con tu especialización. Esto te posicionará como un experto en tu campo. Puedes incluir el enlace a tu blog en tus tarjetas de presentación y mencionarlo cuando interactúes con prospectos.

• Aprovecha cualquier oportunidad para hablar en público. Muchas personas temen hablar en público, pero esto te dará una ventaja única y la oportunidad de brillar. Jamás rechaces un micrófono. Asegúrate de que te tomen fotos y videos, y compártelos en tus redes sociales.

• Celebra cada éxito y compártelo. El éxito atrae más éxito. Todos deseamos hacer negocios con personas exitosas e influyentes. La percepción que las personas tienen de ti, especialmente tus futuros clientes, es crucial.

Este enfoque te ayudará a destacar en tu campo y atraer a más clientes, lo que finalmente se traducirá en un mayor éxito en ventas. ¡Adelante, rockstar de las ventas!

"En el mundo de las ventas, el marketing personal es la brújula que guía el rumbo hacia el éxito".

Es hora de implementar un programa de marketing personal o marca personal.

Mis acciones a implementar el día de hoy son:

_____

_____

_____

_____

_____

_____

_____

Día 34: El Lenguaje del Vendedor Estrella

La palabra posee un poder innegable, es una herramienta creadora que va más allá de simples sonidos emitidos al azar. Las palabras preceden a la manifestación de nuestras vivencias y están profundamente ligadas a la intención y emoción que llevan consigo.

"No es solo lo que dices, sino la intención que reside en tu corazón".

En el libro del Génesis, la Biblia nos muestra cómo la palabra, el verbo, fue la fuerza motriz detrás de la creación de todo lo que conocemos. Lamentablemente, muchas personas pasan por alto el poder que reside en sus palabras, hablando sin cuidado, pronunciando frases nocivas y negativas que no edifican ni edifican a los demás.

De acuerdo con los expertos en desarrollo personal, la fórmula de la manifestación es la siguiente:

Pensamiento + PALABRA + Acción = Resultado

El tipo de palabras, frases y la intención que utilices, en combinación con la acción, dará lugar al resultado deseado o no deseado. Al dar un curso de desarrollo personal, a menudo pido a los participantes que hagan una lista de cosas negativas acerca de sí mismos; sorprendentemente, llenan una página rápidamente. Sin embargo, cuando les pido que enumeren puntos positivos sobre sí mismos, tienden a tardar más y la lista suele ser menos extensa. Esto confirma que la mayoría de las personas utilizan con mayor frecuencia palabras, frases y adjetivos con connotaciones negativas en comparación con las positivas. No es casualidad que las personas exitosas en todas las áreas comparten un denominador común:

- Poseen un vocabulario rico en palabras y frases positivas.

- Expresan estas palabras con entusiasmo y emoción.

- Las comunican de manera grandilocuente.

No es lo mismo decir "Bienvenido a mi humilde hogar" que decir "Bienvenido a mi maravilloso hogar". Ambas frases se refieren al mismo lugar, la casa del anfitrión, pero transmiten connotaciones completamente diferentes. Por lo tanto, es crucial ser consciente de las palabras que utilizamos al comunicar nuestro mensaje.

La Programación Neuro Lingüística (PNL) profundiza en este tema, reconociendo su importancia y su impacto en el resultado final. A continuación, te compartiré un breve diccionario que te ayudará cuando te encuentres frente a un prospecto.

Palabras o frases a evitar:

Caro, Costoso, Difícil, Problema, Complicado, Eso no me corresponde a mí, Características, Restricciones, No aplica, Dama, Caballero, Operación, Cliente, Consumidor, Comercial, Hoy no trabajo, Este es caro para usted, Lo siento, es política de la empresa, Ese no es mi trabajo…

Palabras poderosas:

La más poderosa: el nombre del cliente, Conquistar, Felicidad, Héroe, Increíble, Magia, Esperanza, Sensacional, Victoria, Fantástico, Paz, Tranquilidad, Gracias, Nuevo, Gratis, Seguridad, Fácil, Oportunidad, Garantizado, Inversión, Tengo varias opciones, Le voy a ayudar a solucionarlo, Estoy aquí para apoyarte, Deseo ayudarlo, Esto le va a encantar, Fue un placer tratar con usted, Le garantizo que, Una disculpa, fue mi error, pero lo voy a solucionar, Ganador, con resultados, Divertido, Impresionante, Potente, Exitoso, Antojo, Haz, Más, Ahorrar, Descubre, Increíble, Mira, Encuentra, Cosecha, Diferente, Completamente Facilísimo, Simplificado, Aprobado, Entregado, Auténtico Legítimo, Último, De por vida, Incondicional, Verdadero, A tiempo, Alto, Protección, Disfruta, Imagina, Alcanza, Beneficio, Fuerte, Rápido, Plus Incomparable ,Máximo…

Tu tarea es identificar las palabras o frases que utilizas con regularidad y que sería conveniente eliminar, y luego revisar la lista de palabras positivas para incorporarlas a tu vocabulario.

"Las palabras son las herramientas más poderosas en el arsenal de un vendedor, pues tienen el poder de construir puentes hacia el entendimiento y derribar las murallas de la duda."

Mis acciones a implementar el día de hoy son

_____

_____

_____

_____

_____

_____

_____

Día 35: ¿Cómo Construir un Firme Puente para que, Quieran Hacer Negocios Contigo?

A lo largo de casi 30 años de experiencia en ventas y el mundo de los negocios, me ha tocado observar personas y empresas con un ofrecimiento valioso, vendedores muy preparados, pero que no obtienen los números ni el resultado deseado debido a alguna razón específica (que discutiremos en este módulo). Las puertas no se abren como desearían, y esto se debe a que han omitido o violado uno de los principios fundamentales de los negocios.

Conocer estos principios te ayudará a que más puertas se abran y puedas ganarte el derecho de presentar tus productos y servicios. Estos principios son:

1. Confianza: Por muy bueno que sea tu producto, por muy buena que sea la promoción, los descuentos y los beneficios, si tú o tu empresa no son considerados confiables, será muy difícil que te abran las puertas. Por lo tanto, debes ser cauteloso al elegir la empresa que vas a representar, asegurándote de que su producto, proceso y reputación sean de alta calidad e intachables. Personalmente, no representaría una empresa con una reputación dudosa. Además, debes construir tu propio prestigio como persona y profesional de las ventas. Cambiar constantemente de empresa daña tu imagen.

Recuerda siempre:

"El prestigio tarda años en construirse y en un momento se puede derrumbar."

Reflexión: ¿Harías negocios con una empresa o persona de dudosa reputación? En lo personal, yo no lo haría.

2. Ser Portador de una Solución: Ofrecer una verdadera

solución a un problema detectado en tu prospecto es fundamental en las ventas. Cuando has identificado un problema, ofrecer una solución clara y directa es esencial. Por ejemplo, si una familia ha estado alquilando una casa durante años, es probable que deseen tener una propiedad propia. Aclara tu solución y presenta una oferta directa.

3. Facilitar el Proceso de Hacer Negocios: Es importante que el proceso de hacer negocios contigo sea sencillo. Esto requiere flexibilidad de tu parte, lo que no implica servilismo, sino disposición para adaptarte a las necesidades de tus clientes.

4. Ser Divertido Haciendo Negocios: Hacer negocios debe ser agradable y divertido. Todos deseamos interactuar con personas amables, mi definición de amable es: personas que son fáciles de amar debido a sus constantes y desinteresados actos de amor. Esto no significa ser un comediante, sino ser agradable y cálido en tus interacciones.

Es importante recordar que cumplir con estos principios te ayudará a obtener una oportunidad para hacer negocios con un prospecto. No cumplir con uno de estos principios puede ser un obstáculo que cierre la puerta a ti o a tu empresa.

"En el arte de las ventas, los valores son el cimiento que sustenta la confianza y la lealtad de los clientes."

Mis acciones a implementar el día de hoy son:

_____

_____

_____

_____

_____

_____

Día 36: El factor X

¿Por qué deberían preferir comprarte a ti en lugar de a tu competencia o a tus compañeros? Esta es una pregunta fundamental que debes no solo responder, sino crear un contexto que lo haga por ti.

Para construir los elementos que te ayuden a responder esta pregunta, debes anticiparla de manera proactiva y positiva, y reunir los componentes necesarios para ser sumamente atractivo a los ojos de tu prospecto. Una herramienta valiosa para lograrlo es el análisis FODA, que, aunque normalmente se aplica a las empresas, puede utilizarse eficazmente para convertirte en la mejor versión de ti mismo.

El FODA es un sistema de análisis que nos brinda una visión más completa en cuatro áreas clave: Fortalezas, Oportunidades, Debilidades y Amenazas. Estas áreas son aplicables tanto a individuos como a empresas, y su objetivo es pulir cada aspecto y crear una planificación de mejora continua.

Este enfoque se divide en dos partes: la parte interna, que comprende las fortalezas y debilidades personales, y la parte externa, que abarca las oportunidades y amenazas del entorno.

¿Por qué es importante analizarnos a nosotros mismos como si fuéramos una empresa o un producto? La respuesta es sencilla: en el mercado laboral y empresarial, nosotros somos el producto. Si deseamos obtener un gran rendimiento económico, debemos comportarnos como una empresa.

Preguntas para realizar un análisis FODA personal:

Mundo Interno

Fortalezas

Identifica las características que te destacan y te ayudarán a alcanzar tus objetivos.

- ¿Cuáles son mis capacidades distintivas?
- ¿En qué áreas sobresalgo más que los demás?
- ¿Cuáles son mis aptitudes sobresalientes?
- ¿Qué actitudes positivas me caracterizan?

Debilidades

Reconoce tus áreas de mejora, tus defectos personales o las carencias en tu desempeño profesional.

- ¿En qué aspectos fallo?
- ¿Qué habilidades necesito perfeccionar?
- ¿Cuáles actitudes me impiden avanzar?

Mundo Externo

Oportunidades

Identifica los factores externos, cambios y tendencias que puedes aprovechar.

- ¿Cuáles circunstancias externas puedo aprovechar?
- ¿Qué cambios sociales o tecnológicos me benefician?
- ¿En qué aspectos de mi sector puedo encontrar oportunidades?

Amenazas

Detecta situaciones o eventos que puedan poner en riesgo tus objetivos.

- ¿Qué están haciendo mis competidores?
- ¿Qué factores externos podrían perjudicarme?

- ¿Cuál es la situación actual de mi sector, que podría afectarme?

Ahora, te toca realizar tu propio análisis FODA. Te sugiero ser lo más honesto posible para obtener resultados óptimos. Si necesitas ayuda, no dudes en consultar a las personas más cercanas a ti. Ahora, anota tus respuestas:

Mis fortalezas son:

_____
_____
_____
_____
_____

Mis debilidades son:

_____
_____
_____
_____
_____

Mis oportunidades son:

_____
_____
_____
_____
_____

Mis amenazas son:

_____
_____
_____
_____

Felicidades por completar este ejercicio. Ahora, con esta información en mano, elabora un plan de acción enfocado en potenciar tus fortalezas, reducir tus debilidades, aprovechar las oportunidades y defenderte de las amenazas.

Recuerda:

"Al convertirte en la mejor versión de ti mismo y ser auténtico, te convertirás en una persona atractiva para los demás, ya que aportarás valor"

"El análisis FODA es el espejo que revela nuestras fortalezas, ilumina nuestras oportunidades, desvela nuestras debilidades y señala nuestras amenazas; en su reflejo encontramos el camino hacia el éxito en las ventas. "

Mis acciones a implementar hoy son:

_____

_____

_____

_____

_____

_____

_____

Día 37: Referidos y Programa de Afiliados

¡Fantástico! Este sistema es realmente efectivo, como diría uno de mis mentores. Aunque su simplicidad es sorprendente, su impacto es poderoso. Este sistema puede ayudarte significativamente a aumentar tus ventas.

Nota: El éxito es un concepto multifactorial; se trata de lograr tus objetivos y anhelos. A menudo me preguntan cuál es el secreto del éxito, y la verdad es que no existe una respuesta única. El éxito es una acumulación de factores, y te aseguro que la improvisación es lo que menos tiene que ver con él. La preparación y la planificación son clave. Así que, no subestimes ninguno de los consejos que te doy, ya que convertirte en un Rockstar de las ventas, en una leyenda, será el resultado de la aplicación de diversas acciones y estrategias.

Volviendo al tema, básicamente, se trata de beneficiar a tu cliente actual, que está satisfecho y, en muchos casos, conoce mejor tu producto que algunos vendedores, debido a que es un usuario. Por lo tanto, te convendrá crear un programa de beneficios por recomendación, también conocido como marketing de afiliados.

Un sistema de marketing de afiliados o programa de recompensas por recomendación se basa en ofrecer un beneficio tangible en especie o dinero a tu cliente actual por recomendar a otras personas que, finalmente, compren tu producto. A todos nos gustan los regalos, los premios y, por supuesto, el dinero.

Ejemplos:

Las tarjetas de crédito otorgan puntos que se pueden canjear por dinero, compras o productos de su catálogo.

El gimnasio al que asisto premia con un mes gratuito por cada persona que recomiendes y se inscribe. Esto es genial porque me da un buen motivo para invitar a todos mis amigos.

Permíteme compartir un caso práctico: Un cliente mío estaba experimentando un declive en sus ventas. Le sugerí crear un programa de afiliados y recompensas por recomendación. Calculamos que, por cada venta, le costaba 50 dólares en gastos como tiempo, visitas, combustible, material impreso, y hasta una comida con el prospecto.

Decidimos bonificar a los clientes con 50 dólares en efectivo por cada recomendación exitosa. ¡Los resultados fueron extraordinarios!

Cómo implementar tu programa de afiliados:

• Define la recompensa que otorgarás por cada venta. Por ejemplo, $100.

• Calcula cuánto te cuesta lograr una venta, considerando tiempo, gastos de transporte, llamadas, material de oficina, etc. Supongamos que son $30.

• Elige una recompensa para tu cliente en base a esos $30. Puede ser en efectivo o en especie, como una cena, un regalo, un libro, o cualquier cosa que considere valiosa.

• Comunica tu programa de afiliados a tus clientes. Puedes hacerlo mediante llamadas telefónicas, mensajes en redes sociales, correos electrónicos o encuestas de satisfacción.

• Si estás otorgando recompensas en especie, realiza convenios con los proveedores para obtener descuentos o beneficios.

• Promociona las recompensas otorgadas a tus clientes para motivar a otros clientes.

• Recuerda siempre: "El que da generosamente, recibe abundantemente".

Nota: Este principio también funciona en sentido contrario. Si estás contento con un producto o servicio, habla con tu proveedor y negocia un beneficio por tu recomendación.

Ahora, mi querido Rockstar de las ventas, ¡manos a la obra! Implementa tu programa de afiliados y recompensas a toda máquina, como una locomotora imparable.

"Los referidos son el puente hacia un mundo de oportunidades inexploradas en el universo de las ventas."

Mis acciones a implementar hoy son:

_____

_____

_____

_____

_____

_____

_____

Día 38: Master Mind de Vendedores

Si deseas llegar rápido, avanza solo, pero si realmente deseas llegar lejos, donde jamás habías logrado llegar, tendrás que avanzar en compañía de otros, en equipo, como una manada de lobos.

La siguiente estrategia te va a encantar, ya que no solo es divertida, sino sumamente enriquecedora. Se trata de crear una asociación con otros vendedores, también conocida como Master Mind.

El concepto de Master Mind fue desarrollado por el famosísimo escritor de desarrollo personal Napoleón Hill, considerado el padre de la motivación. Básicamente, implica reunir a dos o más personas para sumar sus talentos, conocimientos, experiencias y recursos con el objetivo de lograr sus objetivos, tanto personales como grupales. Esto te va a encantar.

Cuando formas un Master Mind con otros vendedores, todos pueden ayudarse mutuamente a impulsar sus negocios. ¿Cuál sería la metodología para hacer funcionar un Master Mind de Rockstar de las ventas? Te lo explicaré de manera sencilla.

El objetivo principal es sumar talentos, conocimientos, experiencia y recursos para alcanzar los objetivos de ventas. Esto puede llevarse a cabo entre un grupo de vendedores de una organización o vendedores de diversos productos y servicios.

Respecto a la periodicidad, pueden reunirse semanal, quincenal o mensualmente en un café o en la casa de alguno de los integrantes.

En cuanto a la metodología, durante estas reuniones, alguno de los integrantes puede ofrecer un pequeño entrenamiento o consejo sobre lo que le está funcionando. Los miembros pueden exponer sus desafíos personales y, entre todos, buscar soluciones creativas. También pueden intercambiar prospectos y comprometerse a recomendar a sus compañeros de Master Mind cuando escuchen de alguien que necesite el producto o servicio de alguno de ellos. Por último, es importante celebrar los triunfos de sus compañeros.

La idea es rodearte de personas positivas, proactivas y experimentadas que se apoyen mutuamente para crecer. No solo aprenderás y obtendrás prospectos, sino que también te divertirás.

La manera de sumar miembros al grupo de Master Mind es muy sencilla. Cuando te encuentres con un verdadero profesional de las ventas, invítalo al grupo y enfatiza el intercambio de prospectos y el pacto de recomendarse entre ustedes. Estoy seguro de que no se negará.

Es importante asegurarse de que todos los miembros sean verdaderos profesionales de ventas, íntegros, positivos, experimentados y generosos.

"En el camino del éxito en las ventas, recordemos siempre que juntos avanzamos más lejos y más rápido. Las alianzas son el motor que nos impulsa hacia la cima."

Mis acciones a implementar el día de hoy son:

_____

_____

_____

_____

Atención

A partir de este punto, recibirás información sumamente valiosa. Puede que al principio pienses que no está relacionada con las ventas, pero sí lo está con la vida. Comprender y aplicar los consejos que compartiré contigo te ayudará definitivamente a convertirte en una estrella de las ventas. Te insto a que los leas y los pongas en práctica, ya que forman parte del secreto de hombres y mujeres exitosos. Están a tu disposición.

"Existe un mundo invisible donde se teje lo que pronto se manifestará como experiencias en el mundo físico. Podemos acceder a este mundo de manera proactiva y positiva para disfrutar la vida que tanto anhelas. Ánimo, amigo y amiga, aquello que deseas fervientemente puede convertirse en parte de tu realidad."

Rockstar de Ventas

Día 39: Actitud de Rockstar

El resultado de todo lo que emprendemos está estrechamente conectado con la ecuación del 20/80, la cual nos indica que el éxito está basado en un 80% de psicología del éxito y un 20% de acción masiva. Cabe aclarar que creo firmemente que el trabajo duro da resultados extraordinarios, pero la combinación de preparación, trabajo intenso y una actitud de Rockstar puede generar milagros.

A lo largo de mi carrera, he trabajado con miles de personas: vendedores, Networkers y empresarios. Si hay un denominador común entre todos ellos, es que sus resultados están fuertemente influenciados por su actitud. Sorprendentemente, he observado a personas muy preparadas, con una buena imagen y trabajadoras que, desafortunadamente, no tienen la mejor actitud y, como resultado, no logran los resultados deseados. Por otro lado, he visto a personas tal vez no tan preparadas ni trabajadoras, pero que logran resultados maravillosos. El denominador común de todos ellos es una actitud de campeón.

¿Qué es la actitud? Básicamente, es el comportamiento que adoptamos ante los estímulos externos y las circunstancias de la vida. Está matizada por nuestra historia personal, creencias y educación. La actitud se manifiesta en cómo actuamos ante los sucesos de la vida. Las principales actitudes son positivas, neutras y negativas. A partir de estas, se derivan muchas más. Nuestras actitudes, desafortunadamente, se desarrollan a nivel inconsciente, y actuamos en piloto automático. A menudo ni siquiera somos conscientes de nuestras actitudes. En mi libro "¿Qué tal si sí?", menciono que cuando una persona tiene una creencia (que es una forma de actitud permeada por una idea consolidada), la defenderá a capa y espada como si fuera su verdad. Por eso, modificar una actitud es todo un reto.

La pregunta sería: *¿Cómo podemos modificar una actitud?* Es más sencillo de lo que creemos.

• **Cuestionar nuestras creencias y comportamientos:** Si las personas cuestionaran sus acciones en la vida, obtendrían mejores resultados. Lamentablemente, a menudo no nos cuestionamos ni permitimos que otros nos den retroalimentación. Esto golpea nuestro ego. En lugar de enojarte y culpar a otros cuando no obtienes los resultados deseados, pregúntate en qué fallaste. Esto implica hacerte responsable de todos los resultados que obtienes.

• **Ver el lado positivo de cada circunstancia:** A veces es difícil entender y aplicar este consejo, pero es parte del reto del desarrollo humano. Si dejamos el pesimismo de lado y nos detenemos un momento, encontraremos el lado positivo en cada circunstancia. Siempre hay algo en que aprender y crecer. Pregúntate: ¿Qué hay de positivo en esto? ¿Cuál es la lección? ¿Cómo puedo aprovecharlo a mi favor? Hacerte preguntas asertivas te ayudará a descubrir nuevos aspectos de cada situación y te empoderará.

• **Rodéate de campeones:** Es estimulante y positivo rodearte de personas positivas. La energía positiva es contagiosa. Es difícil mantener una mala actitud cuando estás rodeado de personas con una actitud positiva. Si tienes personas con actitudes negativas en tu vida, pregúntate si realmente quieres que sigan formando parte de ella. Imagina que un especialista en medicina te dice que te quedan solo tres meses de vida. ¿A quién mantendrías cerca y de quién te alejarías? La respuesta está en tus manos.

- **Controla el estrés:** Tener estrategias para mantener el estrés bajo control es fundamental. El estrés puede llevar a una actitud negativa, incluso ante situaciones banales. El ejercicio, la meditación, la oración o cualquier pasatiempo pueden ayudarte a mantenerte relajado.

El desarrollo de una buena y positiva actitud es una habilidad que se puede cultivar, al igual que aprender a tocar la guitarra. Beneficiará todas las áreas de tu vida.

"La actitud es tu superpoder secreto en ventas. Actúa con confianza, pasión y determinación, y convertirás cada desafío en una oportunidad para brillar."

Mis acciones a implementar el día de hoy son:

_____

_____

_____

_____

_____

_____

_____

Día 40: Inteligencia Emocional y Resiliencia

Si hay algo que te aseguro es que te vas a encontrar y enfrentar en tu día a día en esta maravillosa profesión... es la frustración, derivada especialmente de las interacciones humanas y de no estar alcanzando tus objetivos tan rápido como desearías. Esto es lo maravilloso y al mismo tiempo complejo de esta actividad; tratamos con personas, y al hacerlo, experimentaremos alegrías, pero también desacuerdos, desavenencias y desencuentros. Por lo tanto, para sobrellevar estos retos, te convendrá trabajar en tener altos niveles de inteligencia emocional y una fuerte resiliencia. Todo esto es esencial para triunfar en grande como vendedor.

-Joel, pero ¿qué es la inteligencia emocional y la resiliencia?

La inteligencia emocional es parte de la teoría de las múltiples inteligencias (anteriormente se creía que solo teníamos un tipo). Este tipo de inteligencia es fundamental en las profesiones que involucran interacciones con personas. Su definición es la siguiente:

Inteligencia emocional es la capacidad psicológica de gestionar eficazmente nuestras emociones y, al mismo tiempo, reconocer y comprender las emociones de otras personas. Con base en esto, podemos tomar las mejores decisiones y relacionarnos adecuadamente con nuestro entorno.

La resiliencia se refiere a nuestra capacidad, en menor o mayor escala, para afrontar los desafíos de la vida, superarnos, adaptarnos, soportar la presión y mantenernos en equilibrio emocional. Todo esto nos permite recuperarnos y volver a la normalidad.

Vaya, se va a requerir ser muy resiliente y saber gestionar las emociones eficazmente. Al final del día, estos dos elementos impactarán fuertemente en tu mundo interior. Está más que claro que no es lo que sucede en tu entorno lo que definirá el resultado final, sino las acciones que emprendas a partir de lo que ocurra.

Como suele suceder, hay días en los que parece que todo sale mal. Tuviste varias reuniones con prospectos de buen perfil, pero todos te dijeron que no. Te llamaron de la oficina porque un prospecto canceló la compra y otro está muy molesto porque no ha recibido su producto. Te aseguro que más de un vendedor ha renunciado en ese momento, optando por un empleo con un sueldo seguro (que, de seguro, no tiene nada).

Al igual que un músculo, para fortalecerlo, es necesario nutrirlo e ir al gimnasio. De la misma manera, la resiliencia y la inteligencia emocional se pueden fortalecer y desarrollar. Incluso en entrenamientos de alto desempeño del grupo élite de los Navy Seal de los Estados Unidos, estos modernos guerreros han desarrollado programas especiales para fortalecer y desarrollar estas áreas del ser humano, conscientes de los altos niveles de estrés y frustración a los que están expuestos.

Algunos consejos para aumentar y fortalecer estas habilidades serían:

1. Conócete y sé feliz: Si hay algo sumamente poderoso de lo que siempre hablo como psicólogo y coach, es aprender a conocerte en el sentido más amplio de la palabra. Comprender tu mundo interior, psicológico y emocional, lo que te emociona, lo que te deprime, lo que te hace feliz, tus creencias, tus miedos y temores. Realizar este trabajo te ayudará a sanar y te permitirá entenderte mejor, lo que te permitirá hacer las modificaciones adecuadas para convertirte en la mejor versión de ti mismo.

2. Anticípate a tus emociones: Esta estrategia es sumamente eficaz. Cuando te conoces a ti mismo, puedes identificar los factores que te hacen reaccionar emocionalmente. Algunos pueden ser tan simples como tener hambre, no dormir bien, escuchar cierto tipo de música, ir a ciertos lugares o relacionarte con ciertas personas. El ser humano es sumamente complejo, pero al entenderte a ti mismo, puedes anticiparte y crear estrategias y herramientas para mantenerte en equilibrio emocional. Por lo tanto, aléjate de personas que no te hagan sentir bien o que no sumen a tu vida, ya que las relaciones interpersonales son una de las principales causas de desequilibrio emocional. Recuerda que una persona dañada interiormente seguramente dañará a las personas que están a su alrededor, especialmente las que no buscan ayuda.

3. Evaluación de tu vida para vivir en equilibrio: En coaching, tenemos una maravillosa herramienta, sencilla pero poderosa, llamada "evaluación de las áreas de la vida". Básicamente, consiste en analizar y evaluar numéricamente cada una de estas áreas: espiritual, autoimagen, relaciones, salud, preparación, laboral, finanzas y contribución. La importancia de esta metodología radica en comprobar cómo te encuentras en cada una de estas áreas. Si tienes un área que está en desequilibrio, te afectará anímicamente, emocionalmente e incluso física y financieramente. Esto puede ser un detonador que afecte tu vida. Si deseas saber más, aquí te dejo un enlace a un video donde podrás realizar un diagnóstico.

Cuando tienes una vida alineada, esta se convierte en una

sólida base para vivir en equilibrio emocional. De esta manera, puedes soportar más fácilmente los embates y los retos de la vida (enlace y QR del video de "Evaluación de las áreas de la vida").

4. Desconéctate del drama y sé objetivo: Uno de los grandes enemigos del éxito y que genera desequilibrio emocional es la falta de objetividad. Por ejemplo, hoy sales a trabajar, visitas a 9 prospectos y todos te dicen que no. Incluso algunos se comportan muy groseros contigo. En este punto, más de un vendedor se desmoronaría, diciendo cosas como "yo no sirvo para esto" o "en esta ciudad es muy difícil vender este producto" o "la economía está mal", etc. Pero si somos objetivos, entenderemos que no todos los prospectos dirán que sí. Si eso sucediera, seríamos simplemente levanta pedidos y no ganaríamos tan bien. Por lo tanto, es importante eliminar el drama de los sucesos y ser objetivos para no perder el control emocional. Esto requiere un trabajo de contemplación, auto cuestionamiento y mentoría. Cuando esto suceda, habla con tu mentor para que te dé su punto de vista y te ayude a mantener los pies en la tierra.

5. Botiquín de Primeros Auxilios Emocionales: Todos tenemos altibajos; es humano. Sin embargo, la clave está en cómo reaccionamos ante estos eventos fortuitos. Cuantas veces hemos actuado precipitadamente cuando perdemos el control emocional. Por lo tanto, te sugiero que siempre tengas a mano un botiquín de primeros auxilios emocionales. ¿En qué consiste esto? Básicamente, es tener una lista de 10 acciones que podrías realizar de inmediato para recuperar el control de tus emociones y no desbordarte. Algunas ideas podrían ser orar, meditar, cantar, escuchar algo cómico, hacer ejercicio o hablar con una persona muy positiva, entre otras. Ahora, tu tarea es crear esta lista con al menos 10 elementos que puedas utilizar en caso de que algo te desequilibre. El tener este botiquín me ha ayudado a recuperar mi centro y continuar mi camino hacia la cima.

6. Busca Ayuda: Por último, una constante en mis charlas es que todos necesitamos ayuda, tanto psicológica como de consejería. Esto no significa que estés loco (todos tenemos algo de locura), pero sí es importante contar siempre con una segunda opinión. Nuestro ego nos protege de nuestros errores o áreas de oportunidad (defectos de carácter que podemos pulir). La mentoría será fundamental para que puedas avanzar y dar el salto cuántico que tanto deseas. Busca ayuda, pero ten en cuenta que no debes acudir con cualquier persona. La clave es buscar a un profesional o alguien que haya logrado lo que tanto deseas.

Felicidades. ¿Consideras que este tema es importante? Claro, como una estrella del rock de las ventas, estamos expuestos a circunstancias que nos pueden generar estrés. Por lo tanto, estar preparado te ayudará a obtener mejores resultados.

"En el mundo de las ventas, la inteligencia emocional y la resiliencia son tus aliados más poderosos. La capacidad de comprender y gestionar tus emociones, así como de recuperarte de los rechazos y desafíos, no solo te hará un vendedor más efectivo, sino que también te convertirá en un verdadero arquitecto de relaciones duraderas con tus clientes."

Mis acciones a implementar el día de hoy son:

_____

_____

_____

Día 41: Consejos Cuánticos para el Vendedor Estrella

Existe un mundo invisible en el que se cocinan todas y cada una de las experiencias que manifestamos en este plano material. Esta matriz cuántica, estudiada por la física cuántica y gobernada por las leyes universales de la metafísica, juega un papel fundamental en nuestras vidas.

Quizás te preguntes, ¿qué tiene que ver todo esto con convertirme en una estrella de las ventas? La respuesta es sencilla: sin importar a qué te dediques o qué emprendas, es esencial conocer las reglas de la materialización, las leyes y principios universales que rigen nuestro mundo.

Lamentablemente, la mayoría de las personas son ignorantes en este tema, lo que las lleva a vivir vidas llenas de altibajos y accidentes. Sin embargo, estás a punto de abandonar ese promedio y unirte al selecto grupo de los "manifestadores conscientes". Esto significa que, al comprender y aplicar los siguientes principios universales de manera positiva y proactiva, podrás diseñar tu propia vida y convertirte en el creador de tu destino. ¡Fantástico, ¿verdad? Así que, empecemos como una locomotora imparable.

Hoy compartiré contigo tres de las leyes principales que, si las aplicas en tu vida diaria, mejorarán tus resultados de manera significativa. Estas leyes son parte de mi programa "Ser Creador Consciente, Neuro Codificación Cuántica", una inmersión en el mundo cuántico y metafísico. Puedes obtener más información sobre este programa aquí https://hotmart.com/es/club/conquistadores-de-suenos

Ley de Atracción: Esta ley es una de mis favoritas. Básicamente, se trata de conectarte con emociones de alta frecuencia, como la paz, la alegría, el amor y la gratitud. Cuando lo haces, entras en sintonía con lo maravilloso de la vida y experimentas un flujo armonioso. Esto no significa que tus objetivos se lograrán sin esfuerzo. Lo que he observado en mi vida y en la de otros es que, cuando te alineas con estas emociones, las cosas tienden a suceder con mayor facilidad. Circunstancias favorables y personas dispuestas a ayudarte aparecerán en tu camino. Te convertirás en un imán humano, atrayendo gente, dinero y circunstancias positivas.

Ley de Causa y Efecto en las Ventas: El éxito es matemático, predecible, cíclico y muy pronosticable. La ley de causa y efecto es la razón detrás de esto. Esta ley nos dice que cada acción que tomas tiene una reacción inevitable. Por ejemplo, si levantas el teléfono y realizas llamadas de prospección, incluso si no eres un experto en ello, tarde o temprano encontrarás a alguien interesado. Las pequeñas acciones recurrentes son fundamentales. Incluso si no eres la persona más agradable, si eres consistente en tu esfuerzo, cosecharás resultados. La clave es comprender que "ser exitoso es un estilo de vida". Agrega acciones a tu vida que te lleven al éxito.

Dar para Recibir: Esta ley es el activador de la prosperidad. Aquellos que agregan valor, enriquecen la vida de otros y hacen el bien atraen la prosperidad y la abundancia. La lógica es simple: todos deseamos estar cerca de personas que suman a nuestras vidas y nos hacen felices. Adopta el dar para recibir como un estilo de vida. Reflexiona sobre cómo, a través de tu profesión, puedes aportar un valor adicional a tus prospectos y clientes. Dar es el sello de la abundancia.

Ahora, querido vendedor estrella, es hora de poner en práctica estas leyes. No solo mejorarás tus resultados en ventas, sino que también transformarás todas las áreas de tu vida de manera notable.

"Para un vendedor, comprender las leyes universales de manifestación es como desbloquear el potencial ilimitado de sus ventas. Sintoniza tu energía con tus objetivos, y serás capaz de manifestar el éxito en cada conversación de ventas."

Mis acciones a implementar el día de hoy son:

_____

_____

_____

_____

_____

_____

Día 42: Dar Amor

La máxima expresión de amor que un emprendedor puede ofrecer al mundo consiste en proporcionar una solución a un problema a través de su producto. De esta manera, manifestará su amor hacia el mundo y hacia las personas.

Como solía decir mi mentora, "dar amor para recibir amor", y qué mejor manera de hacerlo que brindando una solución a alguien que enfrenta un problema o desafío en la vida. Incluso podría haber pasado una noche en vela, angustiado por ello, tal vez incluso rogando por una solución divina. Mientras tanto, tú te levantas temprano, consciente de que tu producto o servicio puede mejorar la vida de las personas y resolver sus dilemas. Quiero que te imagines a esa persona que, esta misma mañana, se levantó con un problema en mente, uno que le quitó el sueño y lo llevó a sus rodillas en busca de una solución. Ahora, te despiertas tú, también temprano, con la certeza de que posees un producto o servicio capaz de mejorar la vida de las personas y resolver sus desafíos.

Querido "Rockstar" de las ventas, las palabras de agradecimiento más conmovedoras que he recibido como vendedor provienen de clientes agradecidos que me han dicho desde el fondo de sus corazones: "Eres un ángel que llegó a mi vida. Gracias, Joel". En ese momento, mi corazón se llenó de emoción y tuve que contener una lágrima que deseaba brotar desde lo más profundo de mi ser. La definición de un ángel es un "portador divino de buenas noticias". ¡Y eso es lo que eres cada vez que presentas una solución a un problema a un posible cliente!

Por lo tanto, queridos amigos, es hora de que comprendan que, si desean una vida extraordinaria, llena de propósito, prosperidad, abundancia y felicidad, todo esto se logra al impactar positivamente en la vida de los demás.

¿Por qué Dios no estaría de tu lado, cumpliendo los deseos más profundos de tu corazón, si eres un embajador del amor divino? Eres un "ángel Rockstar". Por lo tanto, todas las mañanas, te invito a arrodillarte y recitar desde lo más profundo de tu corazón la siguiente oración:

Oración Matinal

Amoroso Padre celestial,

Sé que soy portador de una gran bendición para muchas personas, ayudándolas a resolver sus problemas y a vivir en plenitud. Sin embargo, ellos aún no me conocen. Por eso, te pido tu amor para mi prospecto y la capacidad de comunicarme con ellos de corazón a corazón, para que comprendan mi mensaje.

Concédeme tu gracia delante de ellos, ya que de eso depende la provisión para mi familia. Permíteme ser tu instrumento, tu ángel, para las personas que están buscando ayuda y bendición.

Ayúdame a ser parte del milagro que muchas personas esperan, y así, tu nombre será glorificado.

Gracias, gracias, gracias. Así sea.

GRAN - DIOSO (A)

Un ser grandioso es aquel que materializa cosas maravillosas al estar conectado con la divinidad. Si realmente deseas destacar, te digo de corazón que te conectes con lo divino. Allí encontrarás los milagros en tu vida, y tú serás parte de esos milagros al acceder al mundo cuántico, inspirando palabras que fluirán desde tu corazón.

Cuando te encuentres cara a cara con un prospecto, no serás

solo tú quien esté presente, sino también la divinidad. Juntos lograrán ver que realmente deseas ayudarlos y apoyarlos de manera genuina. Este es el gran secreto de todo gran vendedor: la conexión con la divinidad, los principios universales y el amor.

Sé que para algunos suena cursi, pero piénsalo: ¿quién puede resistirse al amor y a alguien que muestra un sincero deseo de ayudar? Nadie.

Así que, querido "Rockstar", levántate cada día reconociendo tu grandeza y recordando que eres portador de buenas noticias. Conéctate con el amor y cree en ti mismo, porque Dios, sin duda, cree en ti y está a tu favor.

"Recuerda, cada venta es una oportunidad para mostrar amor y hacer la vida de alguien mejor."

Acciones a Implementar Hoy

_____

_____

_____

_____

_____

_____

_____

Rockstar de Ventas

Bonustrack 1: Cómo ser una Estrella de Rock en Ventas Telefónicas

Este equipo es tu compañero en el día a día. Incluso muchas personas, todavía medio adormiladas al despertar, lo prenden o lo consultan para ponerse al corriente de los sucesos del mundo mientras descansaban. Si adivinaste; que hablo del celular, estás en lo cierto. Este dispositivo se ha convertido en un elemento fundamental en la vida de todos. La realidad es que ha dejado de ser un simple aparato para hacer llamadas y se ha transformado en un equipo altamente sofisticado. Para los emprendedores, es una herramienta que, si se utiliza correctamente, puede aumentar significativamente nuestros ingresos. Por lo tanto, debemos aprovechar su potencial.

Si hay un denominador común entre los vendedores más exitosos, es el uso constante de este dispositivo para realizar una gran cantidad de llamadas, ya sea para prospección, presentaciones, seguimiento, cierre o servicio postventa. Los beneficios de su uso son numerosos: ahorramos tiempo en traslados, podemos utilizarlo en cualquier lugar, incluso desde la comodidad de nuestra cama en pijama, es económico y nos permite llegar a un gran número de prospectos en poco tiempo.

Personalmente, he aumentado la cantidad de transacciones y ciclos de ventas completos a través del teléfono. Aquí te dejo algunos consejos para maximizar su uso y tus ventas:

• **Sonríe mientras hablas:** Aunque la persona no esté presente frente a ti, sonreír mientras hablas por teléfono hace que tu voz sea más agradable y cálida.

• **Bloques de 15 minutos:** En lugar de programar un horario específico, aprovecha los espacios de tiempo aparentemente muertos para hacer llamadas. Puedes hacerlo mientras esperas a alguien, estás en una fila o conduciendo (siempre utilizando manos libres), entre otros momentos.

• **Control de llamadas:** Lleva un registro de tus llamadas, dividiéndolas en categorías como prospectos, seguimiento, presentaciones, cierre y notas. Puedes hacerlo en una libreta, en un formato digital, en Excel o mediante alguna aplicación.

• **Modula tu voz:** Ajusta tu tono, velocidad y modulación según la situación. Un buen vendedor debe ser como un camaleón, adaptándose a las circunstancias.

• **Usa el nombre de la persona:** Hablar por su nombre es esencial para conectar y crear confianza, a menos que prefiera que utilices un diminutivo.

Los pasos para realizar una llamada de prospección exitosa son los siguientes:

• **Saludo cálido y amigable:** Comienza con un saludo amable y utiliza el tono adecuado para generar empatía y conexión.

• **Identificación:** Inmediatamente después del saludo, identifícate y menciona si tienen un conocido en común.

• **Conexión:** Breve conversación social para romper el hielo.

• **Pedir permiso para continuar:** Pide permiso para hablar sobre el tema importante que tienes en mente.

• Puente del interés: Utiliza una frase que llame la atención del prospecto.

• **Proporciona información:** Ofrece una breve

explicación o agenda una cita.

- **Llamado a la acción:** Invita al prospecto a dar el siguiente paso.

- **Agradecimiento:** Valora su tiempo y agradece la conversación.

- **Despedida emotiva:** Cierra con una promesa o comentario positivo.

"Recuerda que la práctica hace al maestro; por lo tanto, lo que falta es que conviertas tu equipo celular en un aliado y socio. Adelante, Rockstar. ¡Manos a la obra!"

"En el escenario de las ventas, cada llamada telefónica es tu oportunidad de brillar como una auténtica estrella. Domina ese arte y verás cómo tus ventas alcanzan las estrellas."

Bonustrack 2: Finanzas para un Rockstar de las ventas

Muchos vendedores pueden ser expertos en el arte de la venta, pero lamentablemente, algunos se convierten en auténticos desastres cuando se trata de administrar su dinero. Esto se debe, en mi opinión, a la seguridad y confianza que sienten al creer que siempre podrán regresar al "yacimiento" (el mercado) y extraer oro de él cuantas veces quieran.

Sin embargo, la realidad no siempre es tan sencilla. La economía es cíclica, y de un día para otro podrías quedarte sin empleo, tu empresa podría cerrar, o la competencia podría surgir con un producto, precio o promoción mejorados. En momentos de estrés por cualquier motivo, nuestro rendimiento no es el mejor. Por eso, me gustaría compartir algunos consejos de finanzas personales que forman parte de mi programa "Inducción a la Maestría del Dinero," el cual recomiendo encarecidamente. A través de este programa, aprenderás a pagar tus deudas en un tiempo récord y a trazar un camino hacia la tranquilidad financiera.

Recomendaciones a seguir para tener finanzas personales sanas son:

Llevar un estricto control de tus ingresos y gastos: Este es un básico en las finanzas personales. Si estás comprometido en mejorar tus finanzas y alcanzar la tranquilidad financiera, es fundamental llevar un registro de tus ingresos y gastos. Puedes usar una libreta, una hoja de Excel o una aplicación en tu móvil para anotar lo que ganas y en qué lo gastas. Posteriormente, realiza un análisis y haz las correcciones necesarias. Este paso te ayudará a darle dirección a tu dinero.

Calcula tus gastos basados en tus ingresos promedio de los últimos 6 meses: En lugar de basarte en números optimistas, proyecta tus gastos en función de tu historial de ingresos pasados. Esto evitará que adquieras compromisos financieros insostenibles.

Mantén una reserva de dinero: Te sugiero que reserves al menos un 10% de tus ingresos para crear un fondo de emergencia. Esto te proporcionará un margen de maniobra frente a los desafíos inesperados y te brindará paz mental.

Controla los impulsos de gastos innecesarios: Después de cerrar una venta, es común sentirte eufórico y tentado a hacer compras innecesarias. Pregúntate si lo que estás a punto de adquirir es realmente una necesidad o solo un deseo. Practicar la gratificación diferida te ayudará a acumular riqueza en lugar de gastos superfluos.

Evita ser "la cartera más rápida del oeste": En ocasiones, después de un éxito, puedes sentirte tentado a pagar cuentas para amigos o colegas. No se trata de ser tacaño, pero debes aprender a cuidar tu propio dinero y evitar convertirte en "el yo pago." Cada uno debe responsabilizarse de sus gastos.

No gastes en lujos innecesarios para impresionar: Algunos vendedores desean igualar el estilo de vida de sus clientes, pero recuerda que lo más importante es la solución que ofreces. La economía tiene sus altibajos, por lo que gastar en lujos puede ser arriesgado.

Aprende sobre inversiones: Busca asesoramiento y diversifica tus inversiones. El dinero sin dirección se disipa rápidamente, por lo que es crucial invertir de manera inteligente. Considera opciones como fondos de inversión, bonos del tesoro, acciones, bienes raíces, y otras oportunidades que se adapten a tus objetivos financieros. No dudes en contactarme si necesitas asesoramiento, ya que estoy asociado con uno de los fondos de inversión más grandes y confiables del mundo, enfocado en programa personales para el retiro, con gusto te doy una asesoría totalmente gratis.

Conoce las deducciones fiscales: Como vendedor, tienes gastos relacionados con tu negocio que puedes deducir para reducir tu carga impositiva. Busca orientación sobre cómo aprovechar estas deducciones.

Piensa como un empresario: Aunque trabajes en comisiones, considera establecer un fondo de ahorro para tu jubilación, gastos médicos y seguro de vida. Invierte en tu futuro financiero.

La Importancia de Ahorrar para la Jubilación: Como vendedor, enfocarte en tus finanzas personales es esencial. Pero no olvides un aspecto crucial: ahorrar para la jubilación. Imagina un futuro en el que puedas disfrutar de la vida sin preocuparte por los ingresos constantes.

Ahorrar para la jubilación te proporciona seguridad y tranquilidad. Te permite construir un fondo que te brindará ingresos estables en tu jubilación, evitando depender exclusivamente de pensiones o la Seguridad Social.

Comienza a ahorrar temprano para aprovechar el poder del interés compuesto. No subestimes el valor de preparar tu futuro financiero mientras persigues el éxito como vendedor. Tu yo futuro te lo agradecerá.

Recuerda que la mejor inversión eres tú mismo. Capacítate, cuida tu salud, ahorra e invierte de manera sabia. Esto te permitirá mantener un estilo de vida digno de un auténtico rockstar de las ventas. Aprovecha los momentos de bonanza para garantizar tu opulencia en el futuro, incluso en tiempos difíciles para los demás. Esta es la verdadera tranquilidad financiera.

"En el mundo de las ventas, el dinero que ganas es la semilla de tu éxito futuro. Cultiva con sabiduría y disciplina cada ganancia, y verás cómo tu cosecha de oportunidades y prosperidad se vuelve inagotable".

Cierre:

El Éxito en Tus Manos: La Última Lección del Viaje

En el último capítulo de nuestro viaje juntos, quiero que recuerdes una verdad fundamental: el éxito en ventas y el desarrollo personal están al alcance de cada uno de nosotros. Es esa verdad la que nos ha guiado a lo largo de este viaje de autodescubrimiento y superación en el mundo de las ventas.

Imagina este momento: entras al majestuoso salón de la fiesta de reconocimientos anuales, elegantemente vestido, tu pareja a tu lado. La miras y te regala una sonrisa llena de admiración y cariño mientras se apoya en ti y te besa con ternura. Tus compañeros, conscientes de tu presencia imponente, te saludan con calidez, y más de uno, no puede ocultar su envidia. Sin embargo, tú ignoras a esas almas de baja vibración y sigues avanzando. Una persona te indica dónde está tu mesa, cuidadosamente decorada con tu nombre y el de tu pareja en un formato exquisitamente elegante. El salón, amplio y espacioso, se llena de música suave mientras los meseros se esmeran en brindar un servicio especial a los invitados VIP, y tú eres uno de ellos. Te sirven un vino tinto en una hermosa copa, y brindas con tu pareja y los demás comensales en tu mesa.

De repente, un directivo de la corporación toma el escenario. Da la bienvenida y comparte los resultados de ventas del año, que han superado todas las expectativas. La sala se llena de alegría, ya que todos saben que, de una forma u otra, han contribuido al éxito de la empresa. El presentador anuncia que es el momento de honrar al mejor vendedor de la corporación, y los directivos se unen en el escenario. El micrófono llega a manos del CEO, quien comienza diciendo: "Hoy estamos más que felices y satisfechos por los resultados anuales de la empresa. Para celebrarlo, hemos invitado a todos los vendedores a esta magnífica cena. ¡Felicidades a cada uno de ustedes!" El orador es interrumpido por un sonoro aplauso que llena la sala. Continúa: "Pero hoy también quiero reconocer, en nombre de la corporación, a la persona que ha batido todos los récords de ventas. Nadie ha logrado jamás los resultados que ostenta. Un colega trabajador y solidario, siempre dispuesto a dar consejos a quienes los necesiten. Un profesional de las ventas que brilla como una estrella de rock. Es un honor otorgarle el reconocimiento al Vendedor del Año a (Tu Nombre)" En ese momento, pronuncian tu nombre, y todos se ponen de pie aplaudiendo. Tu pareja te abraza y te besa, mientras algunas personas se acercan para felicitarte. Comienzas a caminar hacia el estrado para recibir la medalla. Subes al escenario, al pódium de los campeones, y los directivos te felicitan. Observas cómo todo se ve desde el escenario: la gente aplaudiendo, admirando tu trabajo. En la mesa de honor, tu pareja te contempla con amor y admiración. Te lo mereces, has trabajado con dedicación y pasión. Este es tu merecido reconocimiento, porque en algún momento decidiste ser una estrella en el mundo de las ventas. ¡Felicidades, eres el Vendedor del Año!

Wow, esto me hace recordar las veces que he recibido

reconocimientos por mi desempeño. Muchos de ellos los conservo y los exhibo con orgullo en la sala de mi casa. Querido Rockstar de las ventas, el éxito, la plenitud y la prosperidad están más cerca de ti de lo que imaginas.

He compartido contigo todos mis conocimientos, experiencias y estrategias que me han llevado a vivir como jamás imaginé por ser un Rockstar de las ventas; para apoyar tu desarrollo como profesional. Solo te queda creer en ti, en las capacidades que Dios ha depositado en tu ser para crear y manifestar una vida extraordinaria. Dios no crea mediocridades; crea seres espectaculares y maravillosos, y tú eres parte de esa creación. Por tanto, reconoce tu grandeza y conéctate con el amor para realizar milagros. Conviértete en un Rockstar de las ventas.

Recuerda que cada uno de nosotros tiene un potencial ilimitado, una chispa que puede encender un fuego ardiente de éxito. Pero, para alcanzar ese potencial, debes estar dispuesto a invertir en ti mismo, a aprender constantemente, a mejorar tus habilidades y a mantener una actitud positiva, incluso cuando enfrentas desafíos.

El viaje del desarrollo personal y el éxito en ventas es un compromiso continuo contigo mismo. Es como afinar un instrumento musical; requiere práctica constante y ajustes precisos. Cada conversación de ventas es una oportunidad para aprender y crecer. Cada rechazo es un escalón más hacia la victoria.

No te desanimes por los obstáculos que puedas encontrar en el camino. Recuerda que incluso los más grandes vendedores enfrentaron contratiempos en su ascenso. Lo que los diferencia es su capacidad para aprender de sus errores y seguir adelante con determinación.

Mientras miras hacia el horizonte de tus metas y sueños, ten en cuenta que el éxito no es solo sobre ganar dinero o recibir reconocimientos. Es sobre la satisfacción de saber que estás haciendo una diferencia en la vida de tus clientes. Es sobre construir relaciones sólidas y duraderas, basadas en la confianza y la honestidad.

En este capítulo final, quiero que te mires en el espejo y veas a un campeón, a un vendedor estrella y a una persona que nunca se rinde. El éxito no está lejos; está justo frente a ti,

Recuerda que eres un creador de tu propio destino. Tienes el poder de superar cualquier desafío, de convertirte en un referente y de inspirar a otros con tu pasión y dedicación.

En este último tramo de nuestro viaje, te animo a que te atrevas a ser la mejor versión de ti mismo. No dejes que el miedo te detenga, ni permitas que las adversidades te desanimen. Eres un Rockstar de las ventas, y el mundo te necesita para brillar.

Que el camino siempre te lleve a reencontrarte contigo mismo, que el viento sople a tu favor, que los rayos del sol acaricien tu rostro y que tus esfuerzos se traduzcan en cosechas abundantes. Recuerda que Dios te tiene en la palma de sus manos.

Así que, querido amigo, sigue adelante con pasión, valentía y determinación. Tu éxito está a solo un paso, y el mundo está esperando que lo conquistes. Conviértete en una leyenda que trascienda generaciones, y que tu historia inspire a otros a alcanzar sus propios sueños.

Bendiciones abundantes, Rockstar de las ventas. Tu viaje

apenas está iniciando, y estoy emocionado por ver todo lo que lograrás. ¡Adelante! ¿Manos a la obra!

En el vasto escenario de ventas, brillan con fulgor estelar,

Vendedores, Rockstar, con un don sin igual.

Cada gesto, cada palabra, una sinfonía al crear,

Puentes que unen deseos con la realidad, al vender.

Guardianes de la confianza, embajadores de verdad,

Su integridad es su riqueza, su legado inmortalidad.

En el escenario de la vida, son actores sin igual,

Los poetas del comercio, en cada venta, en cada trato, en cada umbral.

Así, en esta danza de negociar y persuadir,

Los Rockstars de Ventas, nos hacen renacer.

Su arte transforma transacciones en memorias inmortales,

En el teatro del éxito, son los protagonistas especiales.

ACERCA DEL AUTOR

Desde temprana edad, Joel Gil Martínez se mostró inquieto y ansioso por sumergirse en el mundo del emprendimiento. A la impresionante edad de 18 años, comenzó su viaje en el mundo empresarial, y más tarde incursionó en el apasionante universo de las ventas. Rápidamente destacó como uno de los vendedores más destacados en todas las organizaciones en las que colaboró, llegando a ocupar el puesto de gerente de ventas y, finalmente, convirtiéndose en propietario de sus propias empresas.

En sus inspiradoras conferencias, Joel resalta con entusiasmo: *"Aprender a vender de manera profesional transformó mi vida de manera radical y positiva"*.

Además de su exitosa carrera, Joel es un padre ejemplar de cinco hijos, comprometido y responsable con cada uno de ellos. No solo les inculca valores, sino que también vive y ejemplifica los valores humanos con cada uno de sus hijos. Al mismo tiempo, comparte momentos de diversión y formación en disciplinas deportivas como el montañismo y el taekwondo.

Como mentor en negocios y desarrollo personal, ha impactado en la vida de miles de personas, ayudándolas a alcanzar sus sueños a través de diversos medios y herramientas. Sus creaciones incluyen un sistema educativo para networkers llamado "Formando Empresarios para Redes de Mercadeo", la plataforma educativa "Academia de Emprendedores Legendarios" para emprendedores, y el programa de negocios "Coaching Extremo con Joel".

Además de todo esto, Joel es un YouTuber muy activo y el creador de los canales "Multinivel y ventas con Joel" y "Mentalidad de prosperidad con Joel". A través de estos canales, comparte estrategias y consejos específicos para ayudar a sus seguidores a alcanzar sus objetivos y llevar una vida plena.

También es autor de la obra "¿Qué tal y si sí? El Método Fénix de Desarrollo Personal".

Joel se mantiene constantemente preparado y en constante crecimiento, recibiendo entrenamiento y mentoría de figuras destacadas como Tony Robbins, Deepak Chopra, Alex Dey, Alejandro Saracho, Carlos Cuauhtémoc Sánchez, entre otros.

En resumen, Joel Gil Martínez es un empresario, inversionista, conferencista, psicólogo, coach, mentor y escritor que ha dejado una huella profunda en el mundo del emprendimiento y el desarrollo personal. Su historia es un testimonio inspirador de cómo el compromiso y la pasión pueden llevar a logros extraordinarios.

¿Por qué estoy haciendo esto?

Desde una edad temprana, me sumergí en el mundo del emprendimiento. Atravesé numerosos altibajos sin el beneficio de la mentoría y la asesoría que tanto necesitaba; "eran otros tiempos". Durante mi ascenso hacia la cima, me enfrenté a desafíos y obstáculos que resultaron innecesarios. Fue en medio de estas experiencias que surgió en mi corazón un profundo deseo: apoyar a otros emprendedores. Hoy, esa es mi misión:

"Ayudar a despertar y desarrollar las capacidades ilimitadas de los seres humanos. Esto se logra mediante la educación, la orientación y la inspiración, con el fin de que alcancen sus sueños y objetivos más preciados, triunfen y encuentren la felicidad. De esta manera, se convierten en modelos a seguir e inspiración para quienes los rodean."

Esta ha llegado a ser mi pasión, mi obsesión y el motivo que me impulsa cada día.

Querido(a) Rockstar, enciende la ardiente llama que reside en tu corazón y entrégate apasionadamente a la misión de brindar valor a las personas. De esta manera, podrás demostrar tu amor a el mundo.

Academia de Éxito Extremo

¡Felicidades por haber terminado de leer esta obra!

Es momento de festejar, y como premio, tengo para ti un bono especial valuado en $20 dólares, aplicable en cualquier entrenamiento de la *Academia de Joel Gil Martínez.*

La Academia es una plataforma educativa, en la cual encontrarás entrenamientos específicos, para apoyar tu desarrollo personal y emprendimiento.

- Inteligencia emocional.
- Desarrollo del ser.
- Educación Financiera.
- Ventas y emprendimiento.
- Redes de mercadeo.

Para solicitar más información mándanos un mensaje por email a joelmartinezcoach@gmail.com o envía un mensaje por WhatsApp +52473932636.

Cupón de descuento: **librocupon1**

Elige tu curso aquí y aplícalo en la plataforma educativa:

www.cursos.gilmartinez.training

¿Necesitas un Coach o Mentor?

¿Estás listo para dar un salto cuántico y pasar al siguiente nivel, pero no sabes cómo?

Hay cuatro tipos de personas en el mundo del emprendimiento:

1. Personas que no saben lo que quieren.
2. Personas que saben lo que quieren, pero no saben cómo lograrlo.
3. Personas que saben lo que quieren, saben cómo lograrlo, toman acción, pero no están teniendo resultados.
4. Personas que saben lo que quieren, saben cómo lograrlo, están teniendo resultados, pero desean aún más.

Sin importar en qué situación y momento te encuentres, tener **un mentor, un guía, un espejo** en la toma de tus decisiones importantes te apoyará para clarificar tus objetivos y crear un plan de acción que te catapulte hacia el éxito, **¡Triunfar es más sencillo de lo que crees!** Por eso, hemos creado el programa de "Coaching Extremo" en el cual te acompañaremos en tu camino rumbo al éxito. Si deseas más información entra a la siguiente web:

www.joelgilmartinez.com/joel-tu-coach

Tu amigo
Joel Martínez Luna
Master Coach & Psicólogo

Sígueme en mis Redes Sociales

 Facebook

www.facebook.com/psicjoelmartinez

 Grupo de Facebook

Comunidad Conquistadores de Sueños
www.facebook.com/groups/187083671894562/

 YouTube: **Multinivel y Ventas con Joel**

 Tiktok: **Psic Joel Martinez**

Página Web: **www.joelgilmartinez.com**

Rockstar de Ventas

www.ingramcontent.com/pod-product-compliance
Lightning Source LLC
Chambersburg PA
CBHW050441290526
45786CB00006B/2116